Direito
das Relações
Internacionais

Análise de Política Externa • Haroldo Ramanzini Júnior e Rogério de Souza Farias
Direito das Relações Internacionais • Márcio P. P. Garcia
Direitos humanos e Relações Internacionais • Isabela Garbin
Economia Política Global • Niels Soendergaard
Organizações e Instituições Internacionais • Ana Flávia Barros-Platiau • Niels Soendergaard
Teoria das Relações Internacionais • Feliciano de Sá Guimarães

Proibida a reprodução total ou parcial em qualquer mídia sem a autorização escrita da editora.
Os infratores estão sujeitos às penas da lei.

A Editora não é responsável pelo conteúdo deste livro.
O Autor conhece os fatos narrados, pelos quais é responsável, assim como se responsabiliza pelos juízos emitidos.

Consulte nosso catálogo completo e últimos lançamentos em **www.editoracontexto.com.br**.

Direito das Relações Internacionais

Márcio P. P. Garcia

Coordenador da coleção
Antônio Carlos Lessa

Copyright © 2022 do Autor

Todos os direitos desta edição reservados à
Editora Contexto (Editora Pinsky Ltda.)

Montagem de capa e diagramação
Gustavo S. Vilas Boas

Preparação de textos
Lilian Aquino

Revisão
Bia Mendes

Dados Internacionais de Catalogação na Publicação (CIP)

Garcia, Márcio P. P.
 Direito das Relações Internacionais / Márcio P. P. Garcia. –
São Paulo : Contexto, 2022.
 160 p. (Coleção Relações Internacionais /
coordenador Antônio Carlos Lessa)

Bibliografia
ISBN 978-65-5541-123-2

 1. Direito internacional 2. Relações internacionais
I. Título II. Lessa, Antônio Carlos

22-0804   CDD 341

Angélica Ilacqua – Bibliotecária – CRB-8/7057

Índice para catálogo sistemático:
1. Direito internacional

2022

EDITORA CONTEXTO
Diretor editorial: *Jaime Pinsky*

Rua Dr. José Elias, 520 – Alto da Lapa
05083-030 – São Paulo – SP
PABX: (11) 3832 5838
contexto@editoracontexto.com.br
www.editoracontexto.com.br

Sumário

INTRODUÇÃO 7

RELAÇÕES INTERNACIONAIS E DIREITO 11

Direitos e direitos: nomenclatura 13

Direito e Estado de direito nas relações internacionais 32

Direito das relações internacionais e seus descontentes 38

Direito das relações internacionais e direito interno 59

FONTES DO DIREITO INTERNACIONAL 67

Princípios 71

Costume 73

Tratado 75

Outras manifestações 78

SUJEITOS DO DIREITO INTERNACIONAL...91

    Estado...94

    Organização internacional.....................................106

    Pessoa humana 113

    Outros atores...116

CONCLUSÃO..139

SUGESTÕES DE LEITURA..143

LISTA DE SIGLAS...151

BIBLIOGRAFIA..155

AGRADECIMENTOS...157

O AUTOR..159

Introdução

Os diferentes interesses do estudioso das Relações Internacionais estão vinculados à necessidade de se instruir em múltiplos ramos do saber. Isso porque, em sua ampla compreensão, as relações internacionais são objeto de análise por distintas áreas do conhecimento (Antropologia, Ciência Política, Direito, Economia, Geografia, História, Psicologia, Sociologia). No começo do século passado, porém, seu estudo adquiriu estatura de ramo autônomo e passou a ser cultivado pela academia de modo mais sistemático.

Apesar da sua recente existência em comparação com as demais ciências sociais, esse campo conta com extraordinária produção de especialistas e constitui corpo de ideias relevantes e com vida independente. Nesse contexto e a despeito da referida juventude, observa-se a ampliação dos debates metodológicos e teóricos em torno dos temas objeto de seus cuidados.

Para esse desenvolvimento, o aporte de outras áreas, como as referidas, é de grande importância. A colaboração interdisciplinar favorece visão de conjunto e exame mais seguro de determinada situação.

Direito das Relações Internacionais

Não surpreende que considerações jurídicas também estejam presentes nas investigações dos fenômenos internacionais. Para além da descrição histórica, das análises econômicas e dos desdobramentos políticos, as situações ocorridas na esfera internacional devem, por igual, ser tratadas tendo em atenção seu adequado enquadramento jurídico e as exatas consequências daí advindas.

Nesse cenário, coloco-me entre os que entendem ser indispensável a adoção de abordagem ampla para a análise dos acontecimentos internacionais. Em outras palavras, não se deve privilegiar de antemão um ou outro aspecto no seu estudo. Creio que esse entendimento inspirou, de alguma maneira, os organizadores desta coleção.

Com isso, o Direito tem, por igual, contribuição a oferecer. Seu conhecimento é necessário e mesmo indispensável para quem deseja compreender uma sociedade seja ela local ou internacional. Isso não implica sugerir que a dimensão jurídica é a única ou a mais significativa. Essa percepção, por si só, pode ser insuficiente e até mesmo irreal e enganosa.

Quem estuda o panorama internacional apenas pelas normas de direito vigentes no plano externo pode ter concepção incompleta dessa conjuntura. De um lado, o fato de que certas regras podem significar o remanescente de um estado de coisas ultrapassado e só subsistirem graças à proteção que garante aos seus beneficiados; de outro, a circunstância de que determinados desenvolvimentos são tão inovadores, mantidas as premissas vigentes, que se revelam pouco ou nada eficazes. Ocorre que a ausência dessa perspectiva pode afetar compreensão mais alargada do assunto em causa.

Dado que o Direito não é manifestação de caráter divino, o avanço no seu conhecimento passa, como constatado em diferentes campos da atividade científica, por um mínimo de conceituação e de teoria. E aqui entramos nos domínios desta obra. Ela não se destina aos mais experimentados, que sabem, à maneira de Camões, "o como, o quando, e onde as cousas cabem" (*Os Lusíadas*). Seu objetivo é proporcionar apresentação introdutória do setor da ciência jurídica que cuida do relacionamento dos atores da cena internacional de hoje. Ela visa aos estudantes de Relações Internacionais, mas também aos interessados em direito internacional público e comparado. Assim, como característica desta coleção, trata-se de texto essencialmente conciso e objetivo, e certas partes da matéria descritiva e histórica, encontráveis nos manuais dedicados ao assunto, não se acham incluídas neste texto.

Embora analítico, este livro reveste-se também de alguma importância prática. Inclui exemplos atuais com a finalidade de ilustrar determinados pontos e inclui, por igual, lista de siglas que aparecem ao longo do texto. Ainda em relação aos aspectos gerais, evitei abusar da linguagem comum aos profissionais do Direito. Ela, no entanto, foi empregada de modo parcimonioso para que o aluno incorpore ao seu vocabulário técnico um mínimo de conceitos e expressões jurídicas, que serão úteis na vida acadêmica e profissional.

Além disso e considerando o mundo contingente e inconstante no qual estamos inseridos, busquei, à maneira de Nelson Rodrigues, apresentar a vida como ela é. Também almejo uma humanidade mais justa, inteligível; enfim, o reino perfeito das formas de Platão. Porém, a realidade jurídica está longe dessa aspiração. Isso não significa dizer que ela é inexistente ou inútil; cuida-se, tão só, de dar-lhe sua exata medida. Nem mais, nem menos.

Reconheço a importância de certos tratamentos teóricos como inspiração para o negociador ("legislador") futuro. E, nesse sentido, são fundamentais as análises favoráveis ao progresso, às transformações e às reformas. Elas, sem embargo, escapam do escopo deste trabalho, que, como referido, visa a proporcionar instrumental técnico básico aos acadêmicos. Aqui, sigo a orientação de Jan Comenius: "Quem planeja construir um novo edifício começa por aplanar o terreno" (*Didática magna*). É com esse nivelamento que desejo contribuir.

Quanto ao seu desenvolvimento, este volume desdobra-se em três capítulos. De início, o aclaramento de determinados termos e conceitos, a apresentação da controvérsia sobre a existência ou não do direito internacional e a apreciação da convivência desse com o direito interno; na sequência, a "teoria geral" do direito internacional, núcleo indispensável para o estudo da matéria: exame das fontes que disciplinam essas relações e considerações sobre os sujeitos das relações internacionais do momento presente.

Vê-se, então, que não me dediquei às "especialidades", tais como: direito internacional dos direitos humanos, direito internacional do meio ambiente, direito internacional econômico, direito internacional penal, direito do mar, direito de integração. Cada um desses desenvolvimentos proporciona livro próprio. A especialização verificada resulta da maturidade e complexidade que o direito internacional adquiriu nos últimos anos. É o fenômeno do adensamento de juridicidade (*thickening of legality*) nas relações internacionais. Para esses desdobramentos, são fundamentais os conhecimentos aqui elaborados à maneira de "teoria geral".

Tendo em atenção as circunstâncias referidas, tampouco avancei no diálogo ou na ausência dele por parte de especialistas do direito internacional e das relações internacionais. O fato de essas esferas do conhecimento se interessarem pelos mesmos eventos não significa que o fazem por iguais motivos e da mesma maneira. Ambos os domínios têm suas crenças e convicções. E elas estão refletidas no uso de diferentes escolas de pensamento e metodologias de investigação.

As possibilidades de interação, no entanto, são significativas e merecem ser exploradas. Sobre isso, há imensa literatura tanto dos que são mais favoráveis a maior intercomunicação (Kenneth Abbot, Anne-Marie Slaughter, Robert O. Keohane), quanto daqueles não tão entusiasmados com essa possibilidade (David Kennedy, Jan Klabbers, Martti Koskenniemi). O debate é de superlativo interesse, mas foge aos nossos objetivos.

Relações Internacionais e Direito

O título e o conteúdo desta obra requerem explicações. Considerei, de início, três possíveis abordagens para seu desenvolvimento: 1) as relações internacionais *como* direito; 2) o direito *nas* relações internacionais; e 3) o direito *das* relações internacionais.

A primeira hipótese foi, de pronto, descartada. Ele pressupõe que as relações no plano externo só podem ser consideradas pelas lentes da ciência jurídica. Tendo em vista o referido na introdução, essa perspectiva é descabida. Contudo, considerando que os primeiros estudiosos da cena internacional a partir do advento do moderno sistema de Estados nacionais foram juristas, é perceptível sua influência no entendimento dos fatos internacionais.

Lembro, para exemplificar, o nome de alguns precursores: Francisco de Vitória, Francisco Suárez, Alberico Gentili, Hugo Grócio, Richard Zouch, Samuel von Pufendorf, Cornelius van Bynkershoek, Emer de Vattel, Christian Wolff. Todos deram importante contribuição, que ainda hoje é considerada. Porém, essa perspectiva não me parece mais compatível com a complexidade e a diversidade das relações internacionais do momento presente.

Na sequência, considerei explorar o direito *nas* relações internacionais. De outra maneira, discorrer sobre as áreas da ciência jurídica que contribuem, de algum modo, com a análise dos fenômenos internacionais. Como se pode intuir, esse caminho enseja imenso desafio tendo em vista a crescente especialidade tanto do direito internacional quanto do doméstico. Para além do direito internacional público e seus inúmeros desdobramentos, teríamos de investigar o chamado direito internacional privado e levar em conta, ainda, o denominado direito comparado.

Seria preciso avaliar, também, nos ordenamentos jurídicos estatais individualmente considerados seu Direito das Relações Exteriores, conforme adiante descrito. E, mais, examinar o surgimento de novos campos temáticos fora do domínio estatal (p. ex., *lex mercatoria, lex sportiva, lex digitalis*) e, até mesmo, acima dele (p. ex., Direito da Integração). Desconheço autor que tenha lançado mão dessa abordagem. Ela ultrapassa o razoável e vai além dos propósitos desta obra.

Fiquei, desse jeito, com a derradeira solução, o direito das relações internacionais. Estimo que essa perspectiva passa por um direito internacional público ampliado no tocante às suas formas de manifestação (fontes) e à sua subjetividade (sujeitos). Some-se a isso leitura menos dogmática do seu caráter jurídico e destaque aumentado para determinados aspectos do direito local. Começo por decompor parte da nomenclatura mencionada, com acréscimo de outras possibilidades. Esse exercício é indispensável para que o aluno evite confusões comuns até entre os mais habilitados. Ao final, ofereço tentativa de definição.

Reconheço que essa concepção é passível de reparos. Pareceu-me, todavia, mais adequado apresentar o que chamo de direito das relações internacionais do que fazer, como parte da doutrina, exposição sob o título: direito internacional e relações internacionais. Essa perspectiva implica significativos desafios teóricos e metodológicos, o que em geral leva seus apoiadores a cuidar do assunto adotando o mesmo enquadramento do direito internacional público.

Dito isso, passo à análise das expressões citadas e previno que as descrições sugeridas delimitam como cada uma é usada neste texto e contexto.

DIREITOS E DIREITOS: NOMENCLATURA

Dou notícia neste item de determinadas terminologias do mundo jurídico que se vinculam, de alguma maneira, com nosso objeto. Como tentarei demonstrar, algumas expressões são praticamente sinônimas, outras dizem respeito a assunto completamente diferente daquele que será abordado neste livro. Esse exercício situa o aluno no universo das disciplinas que estão ligadas ao campo temático que pretendo explorar ou que com ele se relacionam. Trata-se, assim, de familiarizar o estudante com nomenclatura técnico-jurídica visando a esclarecer determinados conceitos e introduzir o tema do livro.

De início, a expressão *direito das gentes*. Ela foi inspirada no *jus gentium* dos romanos, que designava, em síntese, o direito comum a todos os homens e tinha por base determinados princípios considerados bens humanos evidentes em si mesmos (racionalidade, equidade, igualdade, justiça) contidos na noção de direito natural. Era, pois, uma contraposição ao *jus civile*, direito pertinente a cada cidade.

Com o tempo a ampliação da convivência entre as cidades demandou direito próprio que disciplinasse esse relacionamento. A partir daí o conceito romano original deriva do homem para os povos (*jus inter gentes*). A denominação *direito das gentes* foi consagrada pela obra de Emer de Vattel no século XVIII (1758), passando a ser utilizada para tratar dessas relações. A denominação foi retomada por Georges Scelle já no século XX (1932).

A expressão *direito internacional*, por sua vez, foi cunhada por Jeremy Bentham em 1789. Para o idioma inglês, a palavra *nation* significa tanto nação quanto Estado. Assim, alguns doutrinadores britânicos tratam a matéria por *direito das nações*. O *Dicionário Oxford* de inglês registra as expressões como sinônimas. O mesmo não ocorre nas línguas românicas. Nesse sentido, a expressão não é etimologicamente adequada. Daí porque

13

certos autores empregam direito interestatal ou direito intergovernamental. Essas possibilidades, entretanto, tiveram poucos partidários.

Sob inspiração da tradução literal francesa (*droit international*), a expressão se consagrou para exprimir o conjunto de normas (regras e princípios) que disciplina o relacionamento dos Estados independentes. Ela passou então a ser usada para designar o direito nascido com o sistema europeu de Estados do século XVII. Com efeito, esse direito surge da reflexão sobre as práticas das nações europeias a partir da formação dos Estados territoriais, que durante três séculos submeteram boa parte do mundo conhecido.

Considerando que na época a religião era o dado central da vida coletiva, esse direito não vinculou a totalidade dos Estados. Difícil naquela altura conciliar pelo direito países cristãos e não cristãos. Entretanto, o direito internacional cristão europeu (*jus publicum europaeum*) foi aos poucos se tornando – mediante processo cultural de passagem do domínio religioso para o regime leigo (secularização) – mais universal.

Ainda sobre a expressão, convém rememorar duas qualificações: geral e particular. A primeira aplica-se a todos os Estados. Os exemplos mais adequados para essa vinculação absoluta são determinados costumes internacionais (p. ex., proibição da escravidão, liberdade de navegação em alto-mar). Já o direito internacional particular vincula parte dos Estados. Sua base pode ser tanto costumeira (p. ex., asilo diplomático) quanto convencional (p. ex., Tratado de Cooperação Amazônica (1978)).

Na vertente particular, incluo variante geográfica, o *direito internacional americano*. Ele surge nas Américas na passagem do século XIX para o XX como reação a determinadas injustiças, violências e espoliações perpetradas na região pelas potências europeias da época. Sob essa orientação foram desenvolvidas importantes concepções, como a defesa da soberania, da independência, da integridade territorial, da não intervenção (Doutrina Monroe), da solução pacífica dos conflitos, da proscrição da guerra. Elas representam reação ao tratamento eurocêntrico até então concedido ao direito internacional.

A doutrina define esse direito como conjunto de normas desenvolvidas no continente americano e aplicadas nas relações entre os países da região.

Desse contributo sobressai o desenvolvimento de um direito internacional mais democrático e humano, adotando algumas regras que se tornariam universais (p. ex., proibição de intervenção armada para cobrança de dívida pública (Doutrina Drago)). O direito internacional americano representa importante avanço em relação ao direito internacional europeu da época, caracterizado pelos princípios absolutistas do Velho Mundo.

Coerente com essa orientação, o Brasil demarcou suas fronteiras de maneira pacífica e mutuamente acordada. Sobre isso, destaco o trabalho daqueles que revelaram, devassaram e limitaram o território nacional, tão bem descrito por Synesio Sampaio Goes Filho em sua obra *Navegantes, bandeirantes, diplomatas: um ensaio sobre a formação das fronteiras do Brasil*.

Lembro, ainda, o edificante exemplo de revisão, por iniciativa brasileira, das linhas de fronteira com o Uruguai. Por meio do Tratado da Lagoa Mirim (1909), o Brasil cedeu, sem compensações e de modo espontâneo, o condomínio da referida lagoa e do rio Jaguarão. Instaurou-se, assim, a comunhão da utilização dessas águas (76% localizadas em nosso país) por meio do estabelecimento de regime compartilhado entre as duas soberanias.

No direito internacional americano surgiram, com o tempo, variantes sub-regionais. Dessa forma, fala-se em direito internacional latino-americano com alguns institutos próprios da região (p. ex., asilo diplomático). Enfim, esse "direito regional" foi sendo desenvolvido por meio da cooperação entre os Estados situados nesta área do globo. Ele se caracteriza pela adoção de princípios e tratados produzidos por conjunto de organizações, institutos jurídicos e doutrinas elaboradas no continente americano.

É importante mencionar, contudo, que a doutrina nem sempre foi uniforme no tocante a concepções regionais do direito internacional. Os críticos reagem invocando a necessária unidade desse ramo. Por sua vez, os defensores sustentam que os fatos sociais, econômicos e até mesmo políticos em determinadas regiões levam ao estabelecimento de normas próprias de convívio nessas áreas.

A denominação *direito internacional público* começou a se consolidar no século XIX e se consagrou no século seguinte. A colocação do adjetivo

Direito das Relações Internacionais

"público" deu-se nos países de língua latina para distinguir do direito internacional privado. As expressões "direito internacional" e "direito das gentes" são utilizadas como sinônimas. No momento, a disciplina é descrita como a que cuida do conjunto de normas regulamentadoras das relações externas (direitos e deveres internacionais) dos atores integrantes da sociedade internacional. Não se fala mais em um único ator (Estado), tampouco ele é qualificado (independente, civilizado). Vê-se, com isso, que não se trata mais de uma mera ordem jurídica de coordenação de soberanias.

Nesse ponto, esclareço que empregarei neste livro o termo *sociedade* e não *comunidade* (internacional). Sigo, para tanto, a distinção entre esses dois agregados formulada por Ferdinand Tönnies (*Comunidade e sociedade*). Para o sociólogo alemão, a comunidade pressupõe laços de consanguinidade, etnia e territorialidade. A sociedade, a seu turno, compreende vida conjunta pacífica e sem maior aproximação. Cuida-se de criação artificial que resulta em certa superficialidade na associação. Os significados e termos de engajamento mudam drasticamente quando passamos de uma tipologia a outra.

Voltando ao direito internacional público, pondero que outros desdobramentos para esse ramo da ciência jurídica relacionam-se com sua progressiva especialização à vista da crescente complexidade das relações internacionais. Esse fenômeno vem ocasionando, desde pelos menos a década de 90 do século passado, diversificação e expansão sem precedentes na sua história. Sua abrangência atinge praticamente todo o campo da atividade humana. O surgimento de novos atores e a consequente proliferação normativa ampliou sua tradicional estrutura jurídica (guerra e paz; nacional e estrangeiro; direito dos tratados, direito do mar) mediante adição de polos especializados.

Assim, novos campos vieram a somar ao direito internacional capítulos que nele estavam em estágio embrionário ou sequer eram conhecidos: comércio, direitos humanos, meio ambiente, penal, saúde, trabalho, tributário. É o direito internacional com funções ampliadas e enriquecidas.

Direito diplomático e consular é o conjunto de normas e costumes que regula o relacionamento dos distintos órgãos encarregados das relações formais e da representação exterior dos Estados com outros sujeitos de direito internacional. Essa representação engloba a administração das questões internacionais e suas maneiras de negociação. O assunto está inserido na pauta temática do direito internacional público, mas apresenta peculiaridades próprias. Nesse sentido, a matéria conta com sólida prática estatal e com dois tratados que codificaram boa parte dos assuntos a ela vinculados: Convenções de Viena sobre Relações Diplomáticas (CVRD, 1961) e sobre Relações Consulares (CVRC, 1963).

O *direito transnacional*, a seu turno, abrange o campo normativo regulador dos fenômenos que ultrapassam as fronteiras estatais em termos de jurisdição, origem e efeitos. Ele se caracteriza pelo fato de compreender o direito interno e o internacional em suas duplas dimensões: público e sobretudo privado. A expressão, com isso, representa verdadeiro híbrido entre os direitos interno e internacional.

Philip Jessup, responsável pela denominação, propunha a inclusão nesse domínio de todas as áreas do direito responsáveis pela regulamentação de ações ou eventos que extrapolam o território do Estado e seus diferentes tipos de ordens jurídicas. A ênfase era colocada no direito produzido por agentes privados. Nesse contexto, ele inseria outras regras que não se enquadram quer no interno quer no internacional. Veja-se, por exemplo, *lex mercatoria* e "dot.com" (domínios da internet).

Outros pensadores mostram inclinação por diferentes enquadramentos. Normalmente, elas se relacionam com os assuntos do momento ou são carregadas de certa dose de lirismo. E, dessa forma, podem levar à veneração um pouco ingênua e à leitura desprevenida.

A expressão *direito global*, por exemplo, ganha vigor com os debates em torno do fenômeno da globalização. Determinados pensadores que se dedicam a essa linha de estudos destacam tratar-se de ordem jurídica setorial marcada sobretudo pela ausência de hierarquia entre as distintas normas (supranacionais, transnacionais, internacionais, regionais e nacionais) presentes no ordenamento global. Essa vertente tem forte influência da economia em suas avaliações. Ela suscita imensos desafios (legitimidade das instituições, falta de caráter vinculante, concorrência

Direito das Relações Internacionais

de normas, coerência e harmonia na aplicação) e, em geral, abstém-se de resolvê-los ou de indicar possíveis soluções. Como a própria etimologia da palavra que o qualifica, *global*, é muito amplo e, talvez por isso, pouco palpável. De todo jeito, esse termo segue sendo a palavra do momento. Fala-se em líder global, empresa global, economia global, direito global e até homem globalizado (*homo globalizatus* (Eric Hobsbawm)).

O *direito cosmopolita* tem marcante componente humano e propugna pela obtenção da paz mundial por meio da aplicação de princípios da justiça universal (tolerância, responsabilidade intergeracional, convivência harmoniosa, cooperação). Valoriza, assim, a cultura da paz e da não violência, que, à maneira de Gandhi, deveria ser o primeiro artigo da nossa crença. Aponta para: a revisão do conceito de soberania e o consequente declínio do Estado; o incremento do multilateralismo; a gestão global dos problemas da humanidade; e o advento de uma sociedade civil mundial.

Com isso, enfatiza a imprescindível (re)valorização e a efetiva implementação do direito internacional dos direitos humanos como transição para o direito cosmopolita. Esse, por fim, consolidaria o respeito à vida, a prática da não violência, a generosidade, a preservação do planeta, a justiça social e econômica, bem como a adoção de outras formas de solidariedade. Os Objetivos de Desenvolvimento do Milênio da Organização das Nações Unidas (ONU), por exemplo, estão em linha com esse pensar.

O chamado *direito dos povos* apresenta forte vinculação com a filosofia. John Rawls foi o responsável pela notoriedade da expressão. Para ele, essa vertente alonga a ideia do contrato social para a sociedade dos povos. Nesse sentido, propõe princípios gerais que podem e devem ser aceitos pelas diferentes sociedades (liberais e não liberais) como modelo para regulamentar suas condutas recíprocas. O termo "povos" foi utilizado para enfatizar seus aspectos singulares, que transcendem àqueles dos Estados isoladamente considerados.

Rawls qualifica sua proposta como "utopia realista" desenvolvida a partir do liberalismo político. Ele sugere, em suma, o restabelecimento, em novas bases, do direito das gentes. Para isso, segue a orientação apregoada por Kant (*A paz perpétua*). Discorre, dessa maneira e a seu modo, sobre a necessidade do estabelecimento de uma "federação pacífica" entre os povos. Rejeita a concepção de um Estado mundial, que seria igualmente suscetível ao discurso despótico, autonomista e populista.

Por *direito da integração* deve-se entender o conjunto de princípios e normas que disciplina o processo de integração regional entre dois ou mais Estados. Ele pressupõe o estabelecimento de interesse comum entre seus membros, que ocorre usualmente em torno do propósito inicial de uma maior aproximação econômica e seus diferentes graus de integração: zona de livre-comércio, união aduaneira, mercado comum, união econômica, união monetária e integração econômica total (Bela Balassa, *Teoria da integração econômica*).

Esse enquadramento tem por base o direito internacional, porquanto a gênese da integração (mercado comum) se dá por meio da celebração de tratado constitutivo de uma organização internacional (OI), que será a gestora da integração almejada. Esse processo pressupõe atitude de solidariedade que aponta para a busca da satisfação de interesses comuns acima de interesses domésticos.

Para tanto, faz-se necessária a construção de um ordenamento jurídico próprio com vistas a impulsionar as mudanças entre os Estados-membros e as pessoas (físicas e jurídicas) do espaço integrado. Seu campo normativo se divide em: (i) direito originário, que contempla os tratados que dão origem ao processo de integração (p. ex., Tratado para a Constituição de um Mercado Comum do Sul (Mercosul) – Tratado de Assunção (1991) e Protocolo Adicional ao Tratado de Assunção sobre a Estrutura Institucional do Mercosul – Protocolo de Ouro Preto (1994)) e (ii) direito derivado: normas emanadas dos órgãos decisórios criados pelo direito originário (p. ex., Decisão do Conselho do Mercado Comum (órgão superior do bloco) nº 5, de 2007, que cria o Observatório da Democracia do Mercosul).

O Mercosul serve bem para ilustrar o direito da integração "tradicional", que estabelece OI de corte clássico (composição estatal, origem convencional, estrutura permanente e independente e autonomia jurídica) visando à instituição de mercado comum. Para além disso, seu conjunto normativo é incorporado ao ordenamento jurídico dos Estados-membros por meio de ato legislativo interno. Uma vez incorporado ao patrimônio jurídico estatal, esse acervo não se sobrepõe, de modo necessário, ao direito local.

O contexto europeu alterou esse quadro. Concebeu-se no velho continente integração mais vigorosa (união e integração econômica), a hoje denominada União Europeia (UE). Essa experiência conformou um *direito comunitário*, mais recentemente *direito da UE*, de que ela é o único exemplar no mundo. Adotando a ordem de classificação biológica (taxonomia) do sueco Lineu, diria que a integração é o gênero, do qual o comunitário é a espécie.

Ao criar três comunidades europeias (Comunidade Europeia do Carvão e do Aço, Comunidade Econômica Europeia e Comunidade Europeia de Energia Atômica), os Tratados de Paris (1951) e de Roma (1957) instituíram uma ordem jurídica própria, independente daquela dos Estados-membros, formada por conjunto de normas hierarquizadas e coordenadas entre si.

Referidos tratados foram sendo complementados ao longo dos anos sobretudo mediante revisão dos atos originários. Nesse sentido, merecem destaque o Tratado de Bruxelas (fusão/1965), o Ato Único Europeu (1986), o Tratado de Maastricht (UE/1992), o Tratado de Amsterdã (1997), o Tratado de Nice (Carta dos Direitos Fundamentais da UE/2000) e o Tratado de Lisboa (2007).

Assim, essa nova ordem fixou sua natureza jurídica com o passar do tempo. Cuida-se de direito autônomo quer pela origem (supranacional), quer pela finalidade, quer pelos aspectos que o singularizam (primazia da norma comunitária; aplicabilidade direta do ordenamento jurídico comunitário; aplicação uniforme desse ordenamento; livre circulação de pessoas, mercadorias, serviços e capitais). Esse ordenamento foi sendo desenvolvido na prática até conformar base comum de direitos e obrigações que vincula todos os Estados-membros, o chamado "acervo comunitário adquirido".

Esse conjunto inclui os tratados mencionados, a legislação europeia, as declarações e resoluções, os acordos internacionais sobre matérias comunitárias e a jurisprudência do Tribunal de Justiça da UE

(TJUE/Luxemburgo). Essa corte, que tem por missão velar pela interpretação e aplicação unívoca do direito comunitário em todos os países do bloco, teve papel fundamental para a consolidação do citado acervo.

O Tribunal esclareceu, por exemplo, que "a Comunidade constitui uma nova ordem jurídica de direito internacional, em prol da qual os Estados limitaram, ainda que em domínios restritos, os seus direitos soberanos, e cujos sujeitos não são só os Estados-membros, mas também os seus nacionais" (Caso *Van Gend & Loos*, 1963). Daí falar-se em "Europa dos juízes" (Robert Lecourt, – "*l'Europe des juges*").

No ponto, merece registro a sensibilidade dos magistrados nacionais. Eles tiveram a compreensão e a dignidade de exorcizar o "estatocentrismo" ainda reinante no meio judiciário da maioria dos países. Passaram a adotar interpretações favoráveis à comunidade em linha com o princípio da primazia do direito comunitário sobre o direito interno. Somem-se a isso as disposições adotadas pelos governos da União nos domínios da justiça e dos assuntos internos, como também da política externa e da segurança comum.

O direito comunitário representa, de certo modo, "intromissão" na tradicional interação entre direito internacional e direito interno. Configura quase terceira via. Contudo, convém registrar que o direito comunitário está baseado no direito internacional. Sobre isso, considere, por exemplo, a tentativa do estabelecimento de uma Constituição europeia (2004).

O título desse documento é: "*Tratado* que estabelece uma Constituição para a Europa". Ele, entretanto, não entrou em vigor. Apesar de contar com a anuência do conjunto de Estados-membros que totalizavam a maioria da população da União, os eleitores franceses e holandeses não aprovaram o texto. Os motivos foram os mais variados: reação nacionalista; preocupação com a virtual impossibilidade de revisão, tendo em vista as exigências de unanimidade dos Estados-membros para esse efeito.

Do projeto de Constituição, aprecio, em particular, o Artigo I – 8, que estabelece os símbolos da União: hino ("Ode à Alegria", da 9ª Sinfonia de Beethoven); divisa ("Unida na diversidade"); moeda (euro); data (9 de maio). Em seu lugar, celebrou-se o Tratado de Lisboa. Foi o avanço possível. Ele é, juntamente com restante do ordenamento jurídico comunitário, uma fonte de direito superior e diretamente aplicável aos ordenamentos internos dos países-membros.

Vejam-se, assim, os "regulamentos", que são atos legislativos de alcance geral, obrigatórios em todos os seus elementos e diretamente aplicáveis na ordem jurídica de todo Estado-membro; e, também, as "diretivas", que fixam objetivo geral e vinculam os destinatários quanto ao resultado a ser obtido, deixando às instâncias nacionais a competência no tocante à forma e aos meios de as "transpor" para a legislação nacional. Ambas as situações são mandatórias. Essas circunstâncias, por exemplo, diferem a integração verificada na Europa de outras integrações encontráveis no planeta.

A União Europeia representa, dessa forma, OI única de seu próprio gênero pela conjugação dos seguintes traços distintivos: (i) titularidade de competências exclusivas (p. ex., política comercial comum); (ii) independência de algumas de suas instituições face aos governos nacionais; (iii) adoção de decisões que, não implicando unanimidade, são diretamente aplicáveis tanto aos Estados-membros quanto aos particulares que vivem em seus territórios; e (iv) existência de ordem jurídica própria, sujeita à interpretação final por parte do TJUE.

Com isso, o processo de integração europeu avançou de modo inigualável. Ele deslocou para fora do ambiente estatal os lugares de decisão reservados aos Estados nacionais: matéria econômica e monetária, mas também relações comerciais, imigração, defesa dos consumidores, proteção do ambiente e políticas sociais. Estima-se que hoje mais de 70% da produção legislativa doméstica são, direta ou indiretamente, de origem comunitária. Esse quadro dá margem, por igual, a insatisfações.

Alguns consideram excessiva essa produção extraestatal com o consequente esvaziamento do papel das casas legislativas locais. Invoca-se, ainda, o crescente déficit democrático da União; o distanciamento dos cidadãos em relação aos órgãos normativos; a pouca influência dos parlamentos nacionais sobre as escolhas de seus governos na participação de procedimentos decisórios complexos. O processo de saída do Reino Unido (*Brexit* – 51.9% dos eleitores optaram pela retirada em plebiscito de 2016) é o exemplo mais enfático desse descontentamento.

Apesar de baixas e defecções, a Europa está na vanguarda da integração. E, mais, quem conhece minimamente a história conflituosa do continente sabe compreender a contribuição dessa organização para a paz, a reconciliação, a democracia e os direitos humanos na região. Não surpreende, pois, o fato de a UE ter ganhado o Prêmio Nobel da Paz (2012).

Até aqui busquei definir (descrever) expressões que se relacionam parcial ou totalmente com o direito internacional público. As propostas apresentadas destinam-se sobretudo a familiarizar o leitor com terminologia que ele encontrará em suas leituras. Ao fazê-lo, busco proporcionar, também, elementos para que se possa diferençar abordagens não apenas jurídicas, mas também políticas, econômicas e filosóficas e, mais que tudo, não as confundir.

Isso posto, passo a considerar "ideias afins". Uso a expressão para discorrer acerca de diferentes campos temáticos que têm forte relação com o direito internacional, mas que dele não fazem parte. Noção mínima dessas "ideias" é necessária para o estudante a fim de: (i) evitar o cometimento de equívocos comuns até mesmo entre os mais capacitados; e (ii) despertar eventual interesse para outras áreas do conhecimento úteis ao profissional das relações internacionais.

De início, tem-se o chamado *Direito comparado*. Essa é a disciplina jurídica que tem por assunto o direito na sua diversidade de expressões culturais. Ela se ocupa de fazer a "comparação de direitos", isto é, estabelecer semelhanças e diferenças, bem como analogias e contrastes entre distintas ordens jurídicas. Os comparatistas se encarregam do confronto entre ordenamento local e ordenamento(s) estrangeiro(s), ou seja, entre sistemas jurídicos de diferentes Estados. Não se trata, pois, de direito internacional, mas de direito estrangeiro, do arcabouço jurídico de outro país. É importante reter esta distinção: internacional e estrangeiro.

O cotejo entre institutos dos grandes sistemas do direito contemporâneo auxilia o interessado no aperfeiçoamento do direito nacional e na descoberta de soluções para novos desafios. Essas "famílias do direito", na expressão de René David (2014), podem ser agrupadas considerando a preponderância: (i) da legislação (romano-germânica, continental ou *civil law*); (ii) da jurisdição (*common law* ou direito anglo-americano); ou (iii) da tradição (direito muçulmano, hindu, judaico, africano e do extremo oriente).

Sua utilidade não é meramente contemplativa. Há função prática na medida em que aprimora o conhecimento do direito doméstico; colabora com a interpretação de normas jurídicas inspiradas em outros ordenamentos; funciona como instrumento de política legislativa; e ajuda na correta aplicação do direito estrangeiro (vide adiante, direito internacional privado).

Outro aspecto louvável é sua função de cultura jurídica e, nesse passo, representa ciência auxiliar para as disciplinas do direito e das relações internacionais. Noção mínima do ordenamento jurídico estrangeiro é imprescindível para todo profissional da área considerando o país objeto de sua atenção. É cada vez mais relevante para o especialista em Relações Internacionais estar preparado para compreender o ponto de vista jurídico do seu interlocutor. Com esse intuito, não é incomum que a boa articulação dessas relações demande algum conhecimento do direito interno dos envolvidos.

Ademais, a coordenação das ordens jurídicas recebe o influxo cada vez maior do direito internacional por meio da celebração de tratados em que os pactuantes buscam unificar e harmonizar temas e procedimentos jurídicos em seus respectivos ordenamentos. Veja-se, nesse sentido, o papel desempenhado pelo Instituto Internacional para a Unificação do Direito Privado (Unidroit, na sigla em francês) e pela Comissão das Nações Unidas para o Direito Comercial Internacional (Uncitral, na sigla em inglês). Percebe-se, portanto, crescente vinculação entre os direitos internacional e comparado.

No campo do direito das gentes, o estudo comparado dos ordenamentos apresenta função que passa, por exemplo, pela elaboração de regras de aplicação subsidiária (p. ex., o art. 38, I, c ("princípios gerais de direito reconhecidos pelas nações civilizadas") do Estatuto da Corte Internacional de Justiça (CIJ)). Percebe-se, ainda, possibilidade de que a coincidência de leis internas possa dar origem a determinado costume internacional. Também o direito da UE recebe forte influência das pesquisas de direito comparado. Há quem diga que a UE é o verdadeiro paraíso dos comparatistas no momento.

Já o denominado *direito internacional privado* é o ramo do direito doméstico que tem por objeto regular as relações particulares (pessoas físicas e jurídicas) que apresentam vínculos com mais de um ordenamento jurídico. Em outras palavras, é o conjunto de normas jurídicas que objetiva resolver conflitos suscitados entre leis de diferentes Estados, quando uma mesma relação jurídica é passível de ser regulada pelas ordens jurídicas de dois ou mais países. O assunto é desafiador já que não é internacional, tampouco privado. Isso porque é o direito interno de cada Estado que estabelece qual a ordem jurídica deverá ser aplicada à relação jurídica controvertida, apesar da crescente existência de tratados sobre o tema.

O tema é complexo. Convém, pois, exemplificar. Suponha o leitor que uma brasileira se case na Nova Zelândia com um dinamarquês e os cônjuges, que investiram em imóveis na Argentina, resolvem fixar domicílio no Uruguai, local de nascimento da filha do casal. Passado o tempo, eles decidem se separar. Pergunta-se: qual a lei aplicável à separação, à partilha dos bens imóveis, à guarda e posse da filha, aos alimentos?

Para a hipótese e na eventualidade de a ação de divórcio vir a ser proposta no Brasil por uma ou por ambas as partes, o juiz brasileiro recorrerá à Lei de Introdução às Normas do Direito Brasileiro (LINDB) (Decreto-Lei nº 4.657, de 1942 – arts. 7º a 19) para saber qual lei estrangeira ele aplicará para solução do caso. Pode-se conceber, ainda, situação comercial (contrato de compra e venda) ou empresarial (criação de empresa). Em última análise, o juiz nacional se vê na contingência de usar o direito estrangeiro para resolver o caso sob sua apreciação.

Considere, ainda, a possibilidade de conflito de jurisdições (ações propostas em países diferentes). Como resolvê-lo? Como executar eventual decisão em outro país? No Brasil, por exemplo, tal atribuição compete ao Superior Tribunal de Justiça (STJ), a quem cabe processar e julgar o pedido de homologação de sentenças estrangeiras, aquelas proferidas pelos tribunais de outro país (art. 105, I, i da Constituição Federal (CF)). Para isso, o STJ apreciará o preenchimento dos requisitos fixados na LINDB (arts. 15 a 17), no seu Regimento Interno (arts. 216-A a 216-N, que dispõem sobre "decisões" (mais amplo) internacionais), no Código de Processo Civil ou em tratados sobre a temática.

Aproveito para lembrar que não se homologa sentença proferida por tribunal internacional (p. ex., Corte Internacional de Justiça (na Haia), Tribunal Internacional do Direito do Mar (Hamburgo), Corte Interamericana de Direitos Humanos (São José da Costa Rica)), só por tribunal estrangeiro (p. ex., Tribunal Judicial da Comarca de Viseu, Portugal; Sala Civil da Corte de Cassação de Paris, França; Suprema Corte de Justicia, Uruguai).

Em suma, a complexidade do assunto é a símile do infinito. Importante fixar que se trata de norma local (cada país tem a sua) e de ordem pública (inafastável pela vontade das partes). Desse modo, parece mais adequada a denominação utilizada pela doutrina anglo-saxã: conflito de leis. Ainda sobre o tema, os Estados deram origem, em 1893, à Conferência da Haia de Direito Internacional Privado com a missão de trabalhar em prol da diminuição gradual das desigualdades entre os diferentes sistemas jurídicos, a fim de afastar alguns dos desafios mencionados. Para tanto, a entidade formula regras e convenções sobre assuntos relacionados principalmente ao direito comercial, processual civil e de família.

Tendo em conta a progressiva elevação do fluxo do conhecimento, da circulação de bens e serviços, bem como do deslocamento de problemas sociais em escala global, os Estados vinculados à entidade a transformaram em uma organização intergovernamental permanente em 1955. Desde então, foram adotadas 38 convenções internacionais. As que receberam maior número de adesões são aquelas que se ocupam da supressão de exigência de legalização de documentos estrangeiros; da citação e notificação no estrangeiro; da subtração internacional e da adoção de menores; das obrigações alimentares; e do reconhecimento de divórcios.

Verifica-se, pois, crescente aproximação entre público e privado. Ademais, o direito internacional público passa a ter presença marcante na solução de eventuais conflitos de leis no espaço, na medida em que contribui com a adoção de tratados disciplinadores de assuntos específicos.

A expressão *direito das relações exteriores* é utilizada para representar o conjunto de regras jurídicas nacionais que, de alguma maneira, organizam as relações do Estado com outros sujeitos do direito internacional.

Trata-se de vertente do direito público interno não compreendido, portanto, no direito internacional.

O "direito público externo", por sua vez, é uma denominação que compreende, tão só, as projeções do direito público doméstico no relacionamento exterior. Recomendo não confundir com "direito público internacional", proposto por Clóvis Beviláqua para estudar a aplicação entre nós do direito internacional. Essa foi a designação de seu clássico livro, que tinha o seguinte subtítulo: "a *synthese* dos princípios e a contribuição do Brasil".

Sobre a expressão em análise, convém recordar que o princípio da soberania dos Estados permite a cada um gerir seu relacionamento com outros entes em conformidade com seu interesse. O assunto está encaixado nos grandes monopólios estatais (fazer a lei (Legislativo), dizer o direito (Judiciário), preservar a segurança interna e internacional do país (uso legítimo da força), arrecadar tributos (fiscal), relacionar-se com Estados estrangeiros e OIs (diplomacia)). A direção das relações exteriores é atribuída a número limitado de órgãos do Estado (poder Executivo).

No ponto, a maioria dos autores fixa sua atenção nos temas da responsabilidade pela condução das relações internacionais (monopólio do Estado, primazia do Executivo) e do seu controle (competências do Legislativo e do Judiciário). Haveria, assim, um predomínio nos estudos do chamado direito constitucional internacional, ou seja, dos dispositivos da CF que são internacionalmente relevantes.

Nesse sentido, considere, entre outras, as seguintes disposições da CF: art. 21, I (competência da União para manter relações com Estados estrangeiros e participar de organizações internacionais); art. 49, I (competência congressional para resolver sobre tratados que acarretem encargos ou compromissos ao patrimônio nacional); art. 84, VII (competência do presidente da República para manter relações com Estados estrangeiros); art. 102, I, e (competência do Supremo Tribunal Federal (STF) para processar e julgar o litígio entre Estado estrangeiro e a União); art. 109, III (competência dos juízes federais para julgar as causas fundadas em tratado ou contrato da União com Estado estrangeiro).

Importante, por igual, indicar o art. 4º (princípios condutores das relações internacionais da República); os parágrafos 2º e 3º do art. 5º (tratados e convenções sobre direitos humanos); e art. 12 (nacionalidade). Esses dispositivos, entre outros, configuram o direito constitucional internacional brasileiro, que integra o nosso direito das relações exteriores.

Estão, também, incluídos nessa dimensão os aspectos internacionalmente relevantes do direito interno infraconstitucional. Esse ramo demanda pesquisa à parte (direito das relações exteriores brasileiro). Ainda no domínio dos exemplos, repare, entre outras possibilidades, nas seguintes: no direito civil internacional (art. 42 do Código Civil – "São pessoas jurídicas de direito público externo os Estados estrangeiros e todas as pessoas que forem regidas pelo direito internacional público"); no direito penal internacional (art. 7º, II, a do Código Penal – "Ficam sujeitos à lei brasileira, embora cometidos no estrangeiro, os crimes que, por tratado ou convenção, o Brasil se obrigou a reprimir"); no direito tributário internacional (art. 98 do Código Tributário Nacional – "Os tratados e as convenções internacionais revogam ou modificam a legislação tributária interna, e serão observados pela que lhes sobrevenha"); no direito aeronáutico internacional (art. 14 do Código Brasileiro de Aeronáutica – "No tráfego de aeronaves no espaço aéreo brasileiro, observam-se as disposições estabelecidas nos tratados, convenções e atos internacionais de que o Brasil seja parte, neste Código e na legislação complementar"); no direito processual penal militar (art. 1º, §º 1, do Código de Processo Penal Militar – "Nos casos concretos, se houver divergência entre essas normas e as de convenção ou tratado de que o Brasil seja signatário, prevalecerão as últimas").

Creio que a distinção ficou demarcada. O direito penal internacional, por exemplo, cuida das perspectivas internacionalmente pertinentes do direito penal doméstico. Suas fontes, entretanto, não são exclusivamente internas (p. ex., art. 7º, 1, a, do Código Penal (CP)), elas derivam mais que tudo de formas de manifestação internacionais desse direito (tratados, costumes, atos de organização internacionais (OIs) com poderes normativos), que foram incorporadas ao ordenamento jurídico doméstico. Ele se diferencia do direito internacional penal, que se ocupa primordialmente das áreas do direito internacional que tratam da esfera penal (p. ex., Estatuto de Roma do Tribunal Penal Internacional (1998)).

Nesse ponto, merece ressalva o fato de praticamente todos os ramos do direito interno terem adquirido a qualificação de "internacional", por mais "nacionalistas" que sejam. Considere, assim, a verdadeira invasão por que passa o mais nacionalista de todos: o direito constitucional (direitos humanos e garantias fundamentais dos direitos civis, político, econômicos, sociais e culturais; direito da integração). Aqui observo, seguindo Peter Häberle (*Estado constitucional cooperativo*), que o direito constitucional não começa onde cessa o internacional e o direito internacional não termina onde começa o constitucional.

Sobre a *lex mercatoria* ("lei dos mercadores"), lembro que ela tem sua origem nos usos e costumes desenvolvidos pelos comerciantes na Europa medieval. Sob a perspectiva jurídica, os mercadores do período ajudaram a fixar os alicerces de práticas comerciais que se seguiram e que ainda hoje são consideradas (p. ex., letras de câmbio e seguro). Para além da relação comercial que se consolidava, Hugo de São Vítor observa, com certa dose de otimismo, que o trabalho dessa gente "reconcilia os povos, reduz as guerras e consolida a paz" (*Didascalicon*: *a arte de ler*).

A *lex mercatoria* se notabiliza pelo fato de não ser imposta por nenhuma autoridade central e evoluir a partir dos usos e costumes comerciais, bem como das boas práticas entre as partes. Esse conceito foi revitalizado pela Câmara de Comércio Internacional (CCI). Criada na França em 1919, a instituição tem, em última análise, o objetivo de adequar as leis nacionais ao comércio internacional, bem como incentivar a arbitragem comercial internacional.

Bom exemplo dessa adequação são os Termos Internacionais de Comércio (Incoterms, na sigla em inglês), cláusulas contratuais aplicadas nas transações de compra e venda internacionais. Elas definem – de forma clara, objetiva e sucinta – direitos e obrigações do exportador e do importador. São normas-padrão que regulam aspectos diversos do comércio internacional visando à harmonia nos negócios internacionais. A "lei dos mercadores" experimentou, com o tempo, a ampliação de suas funções para incluir a solução de controvérsias pela via arbitral relacionadas, entre outras, ao livre mercado; ao sistema financeiro; à regulação de negócios; e ao combate ao crime comercial.

A *lex sportiva* corresponde a um "direito esportivo global" ou, ainda mais adequado, a um "direito desportivo transnacional". Esse supera os domínios locais. Considere, por exemplo, situação futebolística clássica no Brasil: time derrotado que pretende recorrer à justiça brasileira comum para questionar resultado de partida. Seu pleito está constitucionalmente amparado: "a lei não excluirá da apreciação do Poder Judiciário lesão ou ameaça a direito" (art. 5º, XXXV). Ocorre que o assunto é tratado pela Justiça Desportiva, que, não obstante ser de interesse público, é regida pelo direito privado. Portanto, ela não integra o poder Judiciário do país.

Com isso, o clube em questão seria, muito provavelmente, instado pelos seus pares e sobretudo pela Confederação Brasileira de Futebol (CBF) a não acessar o Judiciário. Caso insistisse, as equipes brasileiras, inclusive a seleção, poderiam ser afastadas das competições internacionais pela Federação Internacional de Futebol (Fifa). Cuida-se de uma ordem própria que transcende ao domínio estatal.

Nessa mesma esfera, também está a chamada *lex digitalis*. Sob essa denominação busca-se incluir o regime jurídico da internet. Imenso desafio à vista, sobretudo, da redefinição das noções de tempo e espaço nos dias de hoje. Estamos, entre outras coisas, reduzidos a uma nova categoria: *Homo zappiens* (Win Veen).

O assunto proporciona inúmeras questões que principiam por estabelecer, de maneira clara, os "direitos digitais fundamentais" da pessoa humana. Nessa ordem de ideias, sobressai a necessidade de maior regulamentação com vistas ao fortalecimento da dimensão humana desse ecossistema por meio da promoção da "alfabetização" digital dos cidadãos, dos valores democráticos, dos direitos e das liberdades das pessoas e da cooperação internacional.

O tema envolve uma miríade de iniciativas e instituições locais (Corporação da Internet para Atribuição de Nomes e Números (ICANN, na sigla em inglês), Política Uniforme sobre Resolução de Disputa sobre Nomes de Domínio (UDRP, na sigla em inglês)), e internacionais (Fórum de Governança na Internet (IGF, na sigla em inglês); Cúpula Mundial da Sociedade da Informação da ONU; Organização

Mundial da Propriedade Intelectual (OMPI)). O assunto segue em estágio embrionário e está mais próximo do direito transnacional.

Ainda no domínio da "afinidade", lembro a *cortesia internacional* (*comitas gentium*), que exprime aqueles atos de benevolência, de cordialidade, de amabilidade, de reciprocidade consagrados pela prática costumeira do relacionamento interestatal e fundamentados em concepções políticas baseadas na igualdade soberana dos Estados. Ela é, em geral, acatada por motivo de conveniência. A cortesia subsiste como padrão de conduta a ser seguido pelos atores internacionais em suas relações recíprocas. Isso, porém, não atribui a ela significado jurídico.

Assim, eventual violação não configura ilícito, mas ato inamistoso. Sob essa denominação não se objetiva delimitar soberanias, tampouco impor obrigações recíprocas aos sujeitos do direito internacional, notadamente aos Estados. A reiteração de determinadas práticas de cortesia, no entanto, foi sendo incorporada ao direito das gentes por meio, sobretudo, de normas consuetudinárias. Assim, por exemplo, a gênese da concepção de imunidade de jurisdição tanto do Estado estrangeiro quanto dos seus representantes (diplomatas) no país em que estão acreditados.

Evoco, por fim, a *moral internacional*. Cuida-se de aspecto do tema da correlação entre moral e direito. Essa relação é um dos problemas fundamentais da filosofia do direito. Nesse ponto, o mais difícil parece ser a necessidade de distinguir os termos sem, contudo, separá-los; bem como a possibilidade de conflito entre obrigações de natureza distinta.

Suficiente lembrar os "problemas" de Antígona (Sófocles) e do mercador de Veneza (Shakespeare), o direito do Terceiro Reich (nazista): a questão da eutanásia. Parcela expressiva da doutrina considera a moral internacional um conjunto de princípios que os sujeitos do direito das gentes aplicam em suas relações recíprocas (lealdade, moderação, auxílio mútuo, respeito, espírito de justiça, solidariedade).

Esses preceitos constituem verdadeira principiologia da moral semelhante àquela empregada nas relações interpessoais, o que varia é o campo de aplicação. Infelizmente, esses princípios têm sido adotados de modo bastante acanhado nas relações internacionais; como também nas relações humanas. Em derradeira análise, cuida-se da moral das pessoas que agem em nome dos sujeitos de direito das gentes, de maneira destacada do Estado, no plano externo.

Apresentados os contornos gerais, e muito gerais, dessas denominações, delimito a expressão *direito das relações internacionais*, como empregada nesta obra. Considero esse direito como sendo *o conjunto de normas jurídicas que visa a disciplinar os direitos e deveres internacionais dos sujeitos que, em dado momento, integram a sociedade internacional*. Essa definição pressupõe, como dito, um direito internacional público ampliado tanto no tocante às suas fontes quanto em relação aos seus sujeitos. Partindo da teoria geral desse ramo do direito, considero, por exemplo, o *soft law* e as organizações não governamentais passíveis de maior atenção.

Para esses e outros desdobramentos, adoto leitura menos dogmática do caráter jurídico do direito internacional, sobretudo em referência ao papel da coerção. Cuida-se de tema sensível, para não dizer central, da teoria do direito: a sanção. Quanto a ela, levo em conta a existência de outros meios para servir de motivação à observância do direito das gentes. Assim, não a tenho como única determinante para o cumprimento da maioria das normas do direito internacional nos dias de hoje, como discorrerei adiante.

DIREITO E ESTADO DE DIREITO NAS RELAÇÕES INTERNACIONAIS

O conceito de *Direito* apresenta dois pontos de partida: ele é um fato humano (não é da natureza) e social (não se aplica ao homem isolado). Percebe-se, desse modo, o vínculo estreito entre direito e sociedade. Daí a constante invocação da antiga máxima atribuída a Ulpiano (*Corpus Juris Civilis*): "Onde existe o homem, há sociedade; onde existe sociedade, há direito" (*ubi homo, ibi societas; ubi societas, ibi jus*). Nessa ordem de ideias, constata-se que a inclinação a viver em companhia de outros se encontra presente em qualquer etapa da civilização.

Essa ordenação de condutas está no cerne de toda ordem social. Fora dela só existem duas alternativas: despotismo e anarquia. O despotismo aponta para a vontade de um só. Ele existe apenas enquanto o déspota consegue se impor fisicamente. É complicado encontrar exemplo perene de poder ilimitado e absoluto de uma pessoa ou entidade (autocracia) à maneira do "Grande Irmão", de George Orwell (*1984*). A anarquia, por sua vez, é dificilmente identificável em condição de pureza, o que representaria um vazio normativo absoluto. Alguma ordem é necessária à coexistência humana.

Considere, por exemplo, a situação da pessoa presa. Para além do ordenamento penal a que estão submetidos, os cativos criam suas próprias regras de comportamento visando principalmente à preservação da integridade do grupo no cárcere. Como demonstrou Drauzio Varella (*Estação Carandiru*), surge no âmbito penitenciário um "código penal paralelo", cujas penas são imprescritíveis. Os transgressores sofrem desprezo social, castigos físicos e até pena de morte.

Outro exemplo menos contundente, mas igualmente efetivo para os propósitos a que se destina, é a "Regra de São Bento". Esse venerável documento guia os caminhos da espiritualidade beneditina para aqueles que integram a Ordem. A Regra é a norma essencial e inspiradora para a vida que abraçaram. Nesse sentido, o texto cuida das práticas e costumes relativos à vivência monástica (p. ex., renúncia, obediência, paciência, pobreza, abertura, silêncio, humildade, comunidade), mas também da excomunhão pelas faltas.

Em ambos os casos, é perceptível o estabelecimento de regras de conduta que, numa sociedade com maior ou menor organização, disciplinam as relações sociais e cujo respeito é garantido, quando necessário, pela coerção. Entre os teóricos contemporâneos do direito há sentimento generalizado de que essa disciplina consiste essencialmente de normas: o direito seria, portanto, um conjunto de normas comportamentais. Mas o que seriam essas regras de conduta e como elas se exprimem?

Sobre isso, sinto-me em boa companhia da abordagem feita por Norberto Bobbio (*Teoria da norma jurídica*). O pensador italiano lança mão do ato de enviar uma carta para exemplificar regra de conduta. A aquisição do selo é um negócio jurídico: contrato de compra e venda disciplinado pelo Código Civil (CC). Desse ato derivam obrigações para as condutas do comprador e do vendedor. Ambos devem observar o regulamento de tarifas postais, que especifica o selo a ser colocado tendo em conta o tipo de remessa e o peso da correspondência. O trajeto da postagem é, por igual, motivo de inúmeras obrigações por parte dos envolvidos.

O exemplo bobbiano, no entanto, preocupa-se apenas com as remessas domésticas. Para os propósitos desta obra, poderia perguntar: como ficam os envios para o exterior? Que regra de conduta deve ser aplicada nessas hipóteses? Qual regulamento postal deve ser seguido? Quem se encarregará de sua distribuição? Como dividir custos e responsabilidades? O assunto entra, dessa forma, nos domínios do direito internacional. Recordo que o tema é disciplinado pela União Postal Universal (UPU), agência da ONU responsável pela coordenação de políticas e serviços postais entre os diferentes países-membros e o sistema postal internacional.

Falar em carta e selo para as atuais gerações pode soar estranho. Ocorre que a circunstância descrita se aplica toda vez que determinada ação tiver, de alguma maneira, desdobramento fora do território de um país. Pense, por exemplo, no transporte aéreo civil destinado ao exterior. Ele é regulamentado pela Organização da Aviação Civil Internacional (Oaci), órgão da ONU incumbido da promoção do desenvolvimento seguro e ordenado da aviação civil mundial, por meio do estabelecimento de normas e regulamentos necessários para a segurança, eficiência e regularidade aéreas.

O assunto ganha proporções ainda maiores para as exigências de comunicação da atualidade. Considere, dessa maneira, o Sistema de Posicionamento Global (GPS, na sigla em inglês) e o Sistema Global de Navegação por Satélite (GNSS, na sigla em inglês). Ambos estão inseridos nos domínios da União Internacional de Telecomunicações (UIT), braço da ONU especializado em tecnologias de informação e comunicação. Sem sua participação seria incerto, entre outras coisas, o adequado funcionamento transfronteiriço das chamadas mídias sociais (p. ex., Facebook, YouTube, Twitter).

O homem médio nem sempre se dá conta dessa gama de possibilidades. Tendo isso em atenção a Sociedade Americana de Direito Internacional

(ASIL, na sigla em inglês) publicou no ano do seu centenário (2006) interessante obra em que exemplifica como o direito internacional influencia o dia a dia de nossas vidas (*International law: 100 ways it shapes our lives*). Cuida-se de demonstrar a existência de regras que disciplinam os mais variados aspectos do relacionamento dos atores da cena internacional.

Reconheço que uma coisa é o Estado aceitar regras de conduta elaboradas por autoridade mundial para dirigir o sistema postal ou a concessão de frequências de telecomunicações; outra, bem distinta, é seguir determinação proveniente de instituição internacional com poderes próprios. O contexto descrito, porém, aponta para a existência de um conjunto de normas direcionadas aos membros da sociedade internacional de modo a disciplinar seu convívio.

E esse assunto ganha relevância na medida em que se percebe, ou não, a existência de um "Estado de direito" entre os sujeitos que compõem essa sociedade. A expressão indica o modo de organização política do Estado cuja atividade é determinada e limitada pelo direito. Essa noção tem sua gênese no direito interno dos Estados e buscava limitar o uso e o abuso do poder estatal. Na origem, representa o advento do controle jurídico-político da autoridade doméstica.

Entretanto, considerando que podem ser más as leis e arbitrárias as formas de ação estatal, os direitos e garantias fundamentais se tornam inseparáveis da noção de Estado de direito. Tal vinculação reforça o princípio da justa medida (proibição do excesso, proporcionalidade, razoabilidade); protege a legalidade (subordinação à lei); bem como assegura a via judiciária (terceiro independente e imparcial) e o devido processo legal.

Esse esquema jurídico-político de organização social teve sua origem e seu desenvolvimento no mundo ocidental. Ele é informado e conformado, entre outros, pelos princípios da legalidade, da igualdade e da legitimação democrática do poder. Dessa forma, o Estado liberal do Ocidente possibilitou: o advento do governo de leis gerais (alcançam a todos) e abstratas (não miram caso particular); a organização política segundo o princípio da divisão de poderes; o primado do legislador; a salvaguarda de tribunais independentes; o reconhecimento de direitos, liberdades e garantias individuais; o pluralismo político; o

Direito das Relações Internacionais

funcionamento do sistema organizatório estatal subordinado aos princípios da responsabilidade e do controle; e o exercício do poder do Estado por meio de instrumentos jurídicos constitucionalmente determinados.

Percebe-se nesse conjunto o advento de um "Estado democrático de direito", noção proveniente da expressão analisada em que o poder se vê legitimado pela participação do povo. Em muitos países, essa noção está inscrita no próprio ordenamento constitucional (p. ex., art. 1º da CF). O conceito está no cerne da vida em sociedade dos dias de hoje.

O transplante da ideia de "Estado de direito" para o plano internacional apresenta dificuldades. É que nessa dimensão não se fala, ainda, na existência de autoridade superior, de um terceiro entre as partes. Nesse sentido, os Estados seguem gozando de autonomia, que, no entanto, é menor que outrora. A concepção está, pois, atrelada à necessidade de observância dos compromissos em relação aos quais o Estado está vinculado (*pacta sunt servanda*; "o pactuado deve ser cumprido").

A adoção plena do Estado de direito na esfera internacional oferece, como se pode imaginar, desafios. Verifica-se, no entanto, busca pela sua efetiva universalização. Considere o leitor, por exemplo, que as declarações internacionais de direitos do homem (p. ex., Declaração Universal (1948)); os grandes pactos internacionais sobre direitos civis e políticos (1966) e econômicos, sociais e culturais (1966); a estruturação de novos espaços político-econômicos com base no respeito aos direitos fundamentais (p. ex., UE); entre outros, reforçaram a aceitação do uso da noção de "Estado de direito", ainda que embrionário, também nos assuntos internacionais.

No direito comunitário, o conceito é manifesto, além de ser condição indispensável para o ingresso no bloco (arts. 2º e 49, respectivamente, do Tratado de Lisboa). Os países-membros da UE consideram o Estado de direito um dos princípios de base do ordenamento que decorre das tradições constitucionais comuns a todos os Estados-membros. Recorde-se, ainda, que o Estado de direito constitui, ao lado da democracia e dos direitos humanos, um dos três pilares do Conselho da Europa, a mais antiga instituição europeia em funcionamento.

No ambiente onusiano, a expressão "Estado de direito" passou ser usada em meados dos anos 1990. A Assembleia Geral das Nações Unidas (AGNU) empregou o conceito pela primeira vez na Conferência Mundial sobre Direitos Humanos (Declaração e Programa de Ação de Viena (1993)). Desde então, sua aplicação tem se tornado mais frequente em suas resoluções (p. ex., Resolução nº 55/2, de 8 de setembro de 2000 (Declaração do Milênio da Assembleia Geral das Nações Unidas)).

Também o Conselho de Segurança das Nações Unidas (CSNU) utilizou o conceito de modo pioneiro em 1996 (Resolução nº 1.040). Insisto que, nesse domínio, a expressão é empregada mais no sentido da governança e do compromisso de os Estados observarem o quadro normativo a que eles estão internacionalmente vinculados, sobressaindo as normas de direito internacional dos direitos humanos.

Contraponto a essa perspectiva, Estado de direito encontra poucos adeptos. São raros os que defendem nas relações internacionais de agora um "Estado de não direito". Isso representaria, no contexto internacional, a autodesvinculação, especialmente dos atores estatais, de qualquer limite jurídico. O Estado se pautaria tão só pela denominada "razão de Estado", doutrina que propugna pela potência e pela exigência da segurança a qualquer custo. Nesse sentido, o "Estado de não direito" seria aquele em que as leis valem na medida do desejo dos envolvidos. Em sentido ainda mais dramático, essa condição representaria a total anarquia no cenário internacional.

Com isso, o "Estado de direito" na conjuntura internacional pode ser entendido, como referido, por meio da aplicação de determinados princípios nas relações dos atores que integram a sociedade internacional. Assim, o conceito inclui confiança no direito em oposição ao poder arbitrário; substituição da força/poder (*might*) pelo direito (*right*) na solução dos conflitos; compreensão de que o direito pode e deve ser usado como instrumento para a promoção dos valores da liberdade e da dignidade humana também na esfera internacional.

Esse quadro é tanto mais consistente quanto mais nos damos conta de que determinados preceitos encontráveis no âmbito dos direitos

Direito das Relações Internacionais

domésticos apontam para o fato de que certos limites jurídicos impostos aos Estados advêm de regras e princípios do direito internacional, muitos deles incorporados aos ordenamentos jurídicos internos (p. ex., art. 4º da CF). O direito internacional revela-se, desse modo, como fonte de juridicidade do poder estatal. Ele prescreve pré-condições políticas indispensáveis à implantação de um Estado de direito também no plano interno. É assim, por exemplo, com o princípio da autodeterminação dos povos, que antecede tanto o Estado de direito quanto a própria democracia.

Ocorre que a realidade é bem mais complexa do que imaginamos. Como nos lembra Goethe, "verdejante e dourada é a árvore da vida" (*Fausto*). Nessa ordem de considerações, recordo ter lido em algum lugar sugestão incômoda: examine a Declaração Universal dos Direitos Humanos (1948) e olhe em volta. Após esse exercício, alguém poderia perguntar se a existência do direito pressupõe, de modo necessário, a realização da justiça (onde há direito, há justiça? / *ubi jus, ibi justitia?*).

Questão constrangedora que não me atreverei enfrentar no espaço deste livro. Para o que aqui interessa, importa indagar: em que medida é factível o "Estado de direito" no domínio das relações internacionais? Ou, ainda mais apropriado, existe um direito das relações internacionais?

Essa questão ontológica é inoportuna, mas necessária. Resvalo aqui em tema difícil que passa, em última análise, pelo debate sobre o caráter jurídico do direito internacional. Proponho considerar as posições que se antagonizam (binômio "existe"/"não existe") e, quem sabe, encontrar via mediana ("existe, mas não muito"). Como prenuncia o seguinte provérbio chinês: "Sobre toda questão existem três pontos de vista: o meu, o seu e o correto". No campo jurídico, o acúmulo dos meus erros ensinou-me que esse ditado é, quase sempre, verdadeiro.

DIREITO DAS RELAÇÕES INTERNACIONAIS E SEUS DESCONTENTES

Os internacionalistas parecem condenados a ter que justificar a existência e a validade do direito internacional. Essa tarefa lembra o castigo de Sísifo: empurrar incessantemente enorme pedra até o cume de uma montanha, de onde ela tornava a cair por seu próprio peso. Em suma, realizar trabalho inútil e sem esperança. O leitor deve se recordar da referida situação, eternizada por Camus (*O mito de Sísifo*). É necessário, de todo modo, buscar fugir da mesmice e romper, de alguma maneira, com a necessidade dessa eterna justificação.

Ao contrário do direito doméstico, que não padece do desafio de justificar a obrigatoriedade de suas normas, o direito internacional tem que enfrentar esse desconforto. Assim, cuidarei do tema partindo da constatação de que dificilmente encontraríamos hoje algum pensador defendendo, com base em argumentos consistentes, a total inexistência de regras de conduta disciplinando as relações internacionais. Vá lá que se localize uma ou outra alma a insistir na absoluta inexistência ou inutilidade desse ramo do direito. Nesse caso e com o devido respeito, a questão avança para os terrenos tão humanamente estudados pela imensa Nise da Silveira, a psiquiatria.

Dito isso, reconheço a existência de descontentes com o direito das relações internacionais. Há razões para tanto. No mesmo sentido, encontro motivos para insatisfação com o nosso ordenamento jurídico. Agora, nem por isso, digo que ele inexiste. Considere, por exemplo, o dispositivo da CF que assegura ao trabalhador salário mínimo "capaz de atender a suas necessidades vitais básicas e às de sua família com moradia, alimentação, educação, saúde, lazer, vestuário, higiene, transporte e previdência social" (art. 7º, IV). Quem conseguir preencher todas essas exigências com o salário hoje fixado merece, pelo menos, o Nobel de Economia.

Não gostaria de apelar mediante a invocação do direito processual. Ele mais se assemelha ao quadro descrito por Franz Kafka (*O processo*). Estimo que todo aquele que, tendo algum direito, recorreu ao Judiciário pode confirmar o que estou dizendo. E o mais interessante é que o texto constitucional estabelece que a todos é assegurada, por exemplo, a razoável duração do processo (art. 5º, LXXVIII). Enfim, a Constituição só não traz de volta a pessoa amada em três dias; fora isso, está quase tudo lá. É imperfeita e imaginosa em muitas passagens, mas existe.

Direito das Relações Internacionais

Poderia seguir exemplificando por meio da legislação ordinária (o direito penal é fonte inesgotável) ou do entendimento que dela é feito. Isso, no entanto, só contribuiria para ampliar o desconforto. Lancei mão dos casos referidos não para desautorizar o direito brasileiro, mas para demonstrar que determinadas críticas feitas ao direito das gentes podem atingir, por igual, os ordenamentos jurídicos domésticos. É certo que o direito internacional é, por vezes, descumprido; não menos certo, entretanto, é que o mesmo pode ser dito em relação a qualquer sistema jurídico.

Cuida-se, tão só, de lembrar que as provações terrenas são ilimitadas. Não há solução única e derradeira para os problemas das ciências humanas. Como adverte Raduan Nassar, é "impossível ordenar o mundo dos valores, ninguém arruma a casa do capeta" (*Um copo de cólera*). Reconheço, contudo, que os descontentes com o direito internacional têm razão em muito do que defendem.

A exigência do direito das gentes se tornou inafastável com a detonação da bomba atômica de urânio (*Little Boy*) em Hiroshima e com os desdobramentos desse fato. Sobre ele, recordo, com Arthur Koestler, que desde 6 de agosto de 1945 a humanidade está condenada a viver com a possibilidade de ser aniquilada como espécie. O célebre provérbio "Se queres a paz, prepara a guerra" (*Si vis pacem, para bellum*) deveria ser substituído pelo *Si vis pacem, para pacem* ("Se queres a paz, prepara a paz!")! Ou, ainda, "Se queres a paz, cultive a Justiça" (*Si vis pacem, cole justitiam*).

À vista dessa possibilidade (aniquilação nuclear), o caminho que nos conduziu até Hiroshima desapareceu e, com ele, também as perspectivas de futuro que eram comuns até então. Sobre o tema, Bobbio (*Autobiografia*) observou que "a arma total chegou cedo demais para a rusticidade dos nossos costumes, para a superficialidade dos nossos juízos morais, para a imoderação das nossas ambições, para a enormidade das injustiças a que a maior parte da humanidade está submetida".

Penso que a arma termonuclear motivou a releitura da importância do direito para as relações internacionais. Essa reconsideração parte da premissa de que a guerra não pode continuar sendo uma forma lícita de condução das relações internacionais. Essa mudança, contudo, é

40

complexa e demanda tempo. Considere, por exemplo, que a história da humanidade é a história da guerra. Segundo Philippe Delmas (*O belo futuro da guerra*), 25 séculos de China não somam, ao todo, 2 séculos de paz; 20 séculos de Ocidente, não muito mais.

Do ponto de vista legal, há pouco mais de 100 anos o recurso à guerra era considerado juridicamente válido (p. ex., art. 12, 1 do Pacto da Sociedade das Nações (1919)). Essa legitimidade, no entanto, foi sendo gradativamente afastada (p. ex., Pacto Briand-Kellog (1928)). Trabalho de instituições, mas sobretudo de pessoas conscientes de que "as guerras se iniciam nas mentes dos homens" e que, portanto, "é nas mentes dos homens que devem ser construídas as defesas da paz" (preâmbulo da Constituição da Organização das Nações Unidas para a Educação, a Ciência e a Cultura (Unesco)).

Com a arma atômica, a humanidade se deu conta de que precisava se premunir de todas as cautelas face ao possível avanço de seu uso. Não pretendo sugerir que as detonações nucleares ocorridas em solo japonês, por si só, mudaram tudo. O bicho homem, por extensão as instituições e os Estados por ele geridos, é bem mais complexo.

Não obstante essas circunstâncias, representa um avanço importante "preservar as gerações vindouras do flagelo da guerra" e estabelecer que a "força armada não será utilizada a não ser no interesse comum" (preâmbulo da Carta da ONU). Desde então, a alternativa bélica representa ato contrário ao direito internacional (art. 2º, 4, da Carta) exceto nas hipóteses expressamente previstas (direito inerente de legítima defesa individual ou coletiva (art. 51) e emprego de força por determinação do CSNU (capítulo VII)). Fala-se em "uso da força" e não mais em "guerra". Invoca-se, em vários dispositivos, a necessidade de "manutenção da paz e da segurança internacionais". Uma pergunta remanesce: essa bela aspiração onusiana resolveu o assunto? Acabou a guerra? Não, mas ela tornou-se ilegal. E isso muda as coisas.

Recordo, por exemplo, que o CP tipifica o crime de homicídio (art. 121. Matar alguém: Pena – reclusão, de seis a vinte anos). Nem por isso o ato deixou de ser praticado. De acordo com o Relatório Mundial

(2019) da Human Rights Watch, 64 mil pessoas foram assassinadas no Brasil em 2017. Não trato aqui das estatísticas sobre a efetiva solução (identificação, julgamento e, sendo o caso, condenação e encarceramento dos culpados) desses homicídios para não estragar a disposição do leitor. O Código Penal, não obstante, segue firme e mantém sua importância. Sabemos todos: matar alguém é crime. E isso muda as coisas.

Como visto, o corte cronológico que proponho para o diálogo com os descontentes parte de 1945. Isso, entretanto, não significa desconsiderar os precursores. Jamais. Aliás, sobre a história do direito das gentes há farta bibliografia. Desde o alvorecer do direito internacional no século XVII com os teólogos espanhóis Francisco de Vitória e Francisco Suárez ou com o jurista holandês Hugo Grotius o tema é discutido. No passado, consumiam-se muita energia e tempo com essa disputa. Com efeito, a questão da existência do direito internacional esteve até recentemente no centro do debate da disciplina. Hoje ele merece atenção, mas não retenção.

Sobre o assunto creio que posso dividir os descontentes, *grosso modo*, em dois grupos: (i) os práticos, que negam o direito das gentes ao argumento de que prevalece nas relações internacionais o estado de natureza hobbesiano (Thomas Hobbes, *Leviatã*); e (ii) os teóricos, que sustentam a falta de aspecto de direito no conjunto de regras de conduta que pauta as relações internacionais.

Os *negadores práticos* são nutridos por argumentos relacionados com razões de Estado (Maquiavel), estado de natureza (Hobbes), adoração do poder (Espinoza), majestade do Estado (Hegel). Eles, em geral, não recusam as regras. Consideram, entretanto, que só aos Estados cabe a decisão de quando e de como se comprometer, bem como do momento de se desengajar. Isso pela simples razão, por eles invocada, da prevalência do princípio da soberania estatal absoluta.

Esse fundamento norteia as relações entre sujeitos que se encontram uns perante os outros num estado de natureza. Percebe-se em alguns autores uma verdadeira obsessão da soberania. O desafio está em que a metamorfose do conceito originado no direito interno da autoridade suprema não encontra paralelo possível na esfera internacional.

Cria-se, com isso, uma dificuldade insolúvel. Considerando que a soberania é igual ao poder absoluto e tendo em mente que os Estados são soberanos, resulta que todos os Estados têm poder absoluto.

Nessa ordem de ideias, o povo de Utopia estava certo em não estabelecer vínculo formal com outros Estados. Sobre isso, Thomas More (*Utopia*) registra que "enquanto outras nações estão sempre assinando tratados para depois rompê-los somente para, em seguida, renová-los outra vez, os utopienses jamais firmam tratados". Para quê? Afinal, todos são soberanos. Lembro que o nome do país vem do grego, "lugar irreal"; o nome da capital, Amaurota, significa "cidade inexistente" e o rei, Ademos, exprime a ideia de chefe sem povo. Daí porque o nome desse "país" passou a substantivo comum. Essa percepção é, pois, utópica sobretudo nos dias de hoje.

Claro que os conceitos de soberania e poder seguem na ordem do dia das relações internacionais. Eles fazem, em derradeira análise, as delícias de muitos estudiosos e um eixo importante de suas considerações. Os mais extremados chegam a sugerir que o fato acabado é o mais sólido dos direitos.

Nesse sentido, apresento alguns episódios que me parecem apropriados para seguir o diálogo com os práticos. Nesse ponto, fui inspirado por Câmara Cascudo. Creio não ser de conhecimento geral que esse imenso brasileiro foi professor de direito das gentes em sua querida Natal. Consta que ele começava suas aulas abrindo o jornal do dia e comentando, do ponto de vista jurídico, os fatos da cena internacional. Lanço, pois, mão de determinados exemplos para ilustrar à maneira cascudiana o argumento que busco defender.

De início, o tema da partilha da África Subsaariana. Nesse sentido, invoco o Tratado entre o rei da França e o rei Peter de Grand Bassam, de 1842 (v. Henri Brunschwig, *A partilha da África Negra*). Nele estava previsto que a plena soberania do país e do rio de Grand Bassam, que integra hoje a República da Costa do Marfim, é concedida ao rei dos franceses (art. 1). Em troca dessas concessões, será outorgado ao rei Peter e ao seu povo, a proteção dos navios de guerra franceses (art. 3). Ademais, será pago ao rei Peter, quando da ratificação do tratado, o seguinte: "[...] 1 saco de tabaco, 1 barril de aguardente, 5 chapéus brancos, 1 guarda-sol, 2 espelhos e 1 realejo".

Direito das Relações Internacionais

O texto prevê, ainda, que o rei e toda a população se comprometem a se conduzir de boa-fé com relação aos franceses (art. 4). Cuida-se, com efeito, de belo exemplo a demonstrar, à maneira de La Rochefoucauld, que a hipocrisia é um tributo do vício à virtude. Para o momento atual, o "tratado" seria, no mínimo, um deboche. Agora atenção: assim eram as coisas naquela altura. Considere que às vésperas de 1914, 97% dos Estados eram colonizadores ou colonizados.

Na sequência, invoco o bloqueio naval seguido do bombardeamento do porto, por forças da Alemanha, do Reino Unido e da Itália, bem como o apresamento de navios venezuelanos, em 1902, como forma de assegurar a cobrança de dívidas da Venezuela aos nacionais dos referidos países. Lembro que o recurso à força pelos europeus para essas situações era a prática no século XIX, de forma destacada nos Estados latino-americanos.

Mais próximo dos dias de hoje, veja propaganda veiculada nos Estados Unidos da América (EUA) em que corretor de imóveis disponibiliza na Lua "terrenos com vista tranquila e permanente para as estrelas". A "imobiliária" Lunar Embassy oferece ao comprador o título e o mapa do imóvel, bem como cópia da "Carta de Direitos da Lua", elaborada e aprovada por ela mesma. Não me parece que o corretor seja um lunático; quanto aos seus possíveis clientes, tenho dúvidas.

Os exemplos têm, por certo, sua comicidade para o observador de agora. Do ponto de vista jurídico, no entanto, a primeira hipótese configura hoje uma impossibilidade. O que se tem, por óbvio, é a imposição do mais forte. A "concessão" da soberania de Grand Bassam aos franceses não passa de um eufemismo para a invasão por meio da força.

O caso venezuelano, por sua vez, deu margem à compreensão de que dívida pública não pode dar lugar à intervenção armada, tampouco à ocupação territorial. Já o assunto lunar é objeto do Tratado sobre Princípios Reguladores das Atividades dos Estados na Exploração e uso do Espaço Cósmico, inclusive a Lua e Demais Corpos Celestes (1967), que estabelece que "o espaço cósmico, inclusive a Lua e demais corpos celestes, não poderá ser objeto de apropriação nacional por proclamação de soberania, por uso ou ocupação, nem por qualquer outro meio" (art. II).

Do que foi dito, não se cogita que a força e o poder foram banidos das relações internacionais. Nem que vivemos em um mundo pautado por uma ordem jurídica imaculada. A desigualdade de fato entre os Estados ainda é realidade. Veja-se, a esse propósito, o que sucedeu com a Ucrânia em 2014, que teve parte de seu território (Crimeia) anexado pela Rússia.

O assunto ganha contornos dramáticos quando lembramos que os ucranianos abriram mão de seu arsenal nuclear em troca do compromisso de que, na hipótese de invasão de seu território, os países signatários (EUA, Federação da Rússia e Reino Unido) do Memorando sobre Garantias de Segurança em Conexão com a Adesão da Ucrânia ao Tratado de Não Proliferação de Armas Nucleares (Budapeste, 1994) sairiam em sua defesa. Isso não ocorreu.

De toda maneira, a UE, por exemplo, impôs tipos de medidas restritivas contra a Rússia. Elas vão de ações diplomáticas (cancelamento de cúpulas bilaterais UE/Rússia, suspensão das negociações para o ingresso da Rússia na Organização para a Cooperação e Desenvolvimento Econômico (OCDE) e retirada do apoio europeu para o ingresso do país na Agência Internacional de Energia (AIE)); congelamento de bens e restrições de viagens (pessoas e entidades); limitações (importação e exportação, comércio e investimento) para empresas e pessoas da UE no relacionamento econômico com a Crimeia; proibição de exportação e importação de armas e exportação de tecnologia dual (uso civil e militar) para a Rússia.

Esse tema, enfim, proporciona assunto para todas as dimensões do estudo das relações internacionais mencionadas na Introdução. Do ponto de vista jurídico, consigo bem enquadrar os fatos à vista do direito internacional do momento presente. Cuida-se de afronta às regras de conduta celebradas pelos Estados. Moscou pode ter razão no seu pleito; isso, porém, não a autoriza a equacionar suas desinteligências de forma unilateral e mediante o emprego da força. Há mecanismos pacíficos de solução de controvérsias disponíveis para tanto. Sobre a matéria, não existe vácuo normativo.

Esse exemplo se insere no campo da patologia do direito internacional. Como em outros domínios, não se deve definir a realidade jurídica em função da exceção. Gostem ou não os descontentes práticos, o direito

45

Direito das Relações Internacionais

das relações internacionais é, na imensa maioria das vezes, observado. O Estado não é anárquico na satisfação de seus fins, ele tem de entrar em relações com outros Estados igualmente necessitados dessas relações.

Para os que apreciam o estudo do direito pela patologia e com base nela negam seu caráter jurídico, tenho má notícia. É que por essa medida o direito doméstico também fica comprometido. Quem conhece dois dedos da situação penal no Brasil percebe o que quero dizer. Enfim, também temos nossa "península" cotidiana.

Dito isso, constato que o direito interno e o internacional existem, cada um com suas peculiaridades, mas ambos têm de ser protegidos para que a anormalidade não prepondere. No caso do direito das gentes, parafraseando embaixador britânico na ONU, pondero que não há nada de errado com ele, exceto alguns de seus atores. Ocorre que a exceção é a regra para o leigo. A consciência jurídica do homem médio transforma a possibilidade em probabilidade.

Essa distinção também me parece importante. É possível uma bala perdida acertar inocente em banco de praça? É, mas não é provável. Sei por experiência própria. Agora, àquele que pauta sua existência pela possibilidade recomendo não sair da sua cidade; porventura ficar em seu bairro; talvez permanecer em casa. Muita coisa é possível nessa vida.

E a Crimeia? Ela segue sob controle russo sem a aprovação da sociedade internacional. A Rússia, por sua vez, passou a ser objeto de medidas restritivas. Para além disso, o país é tido, nesse episódio, como Estado que unilateralmente e por meio da força invadiu o espaço territorial de outro. Mas sobretudo que agiu sem nenhum respaldo nas regras de conduta (direito das gentes) que pautam as relações no plano internacional. Como recorda Eduardo Galeano, a Senhora Clio, deusa da História, tem seus caprichos. Talvez o assunto não venha a ser revertido logo. Creio, ainda assim, que em algum momento o tema será equacionado também sob a ótica do direito das gentes.

Perceba que o direito internacional conservou, no meio dessa afronta, todas as suas potencialidades intactas. Para hoje, penso que a reação condenatória da sociedade internacional à referida ação antijurídica russa serviu para evitar outras atitudes assemelhadas. Há um desconforto, que não foi e que não será afastado. Na atualidade e do ponto de vista do direito das relações internacionais, a península da Crimeia é território ucraniano sob ocupação russa.

O que quero dizer é que as relações de força e os temas de poder continuam pautando muito do convívio internacional. Essa circunstância, entretanto, não é privilégio dos estudiosos das relações internacionais; também aqueles que se dedicam ao exame das relações de força e de poder no plano interno têm farto material de pesquisa. Nem por isso tachamos o direito doméstico de inexistente. A existência ou não do direito é uma coisa; seu mérito ou demérito é outra.

Noto, no entanto, que o homem médio tem revelado certo desalento com a ordem jurídica internacional. Há muito de incompreensão, confusão e desconhecimento por parte de uns; mas também má-fé e oportunismo por parte de outros. Trata-se, por vezes, da conhecida transferência da culpa dos desafios domésticos para o "inimigo" externo. Da promessa de segurança e do restabelecimento da presumida grandeza de tempos passados. Verifica-se, assim, o advento de novas formas de demagogia, populismo, autoritarismo, que degradam e vulgarizam o discurso público e atingem perigosamente as instituições democráticas. Por consequência, também o direito e as relações internacionais.

Os problemas globais, contudo, seguem seu curso. Para eles a solução passa, a meu juízo, pelo constante aprofundamento e aperfeiçoamento da cooperação internacional. Do contrário, pergunto: como enfrentar isoladamente, por exemplo, as grandes crises sanitárias internacionais, as violentas catástrofes naturais, as mudanças climáticas globais, o terrorismo internacional, a criminalidade organizada transnacional, os persistentes movimentos migratórios transfronteiriços, o aumento superlativo das desigualdades?

Não tenho resposta para essas questões, mas de uma coisa estou convencido: o Estado sozinho é incapaz de enfrentá-las. Por mais poderoso que seja, ele ficou pequeno para os grandes desafios. Lembro que o inesperado vírus causador da covid-19 parou o planeta, anulou a ideia de fronteira e desnudou nossa onipotência. Os episódios lamentáveis da proibição de remessa de vacina e/ou insumos para outros países é revelador do lado cruel do ser humano. Já se disse que é fácil gostar dos direitos humanos, difícil é amar o próximo. Nesse sentido, os práticos sugerem para o direito internacional a aplicação do "princípio da incerteza" de Werner Heisenberg: o universo é uma desordem, em que nada tem lugar fixo, sendo um salve-se quem puder.

Esse enfoque ajuda a refletir e, dessa forma, representa ponto de partida, mas não de chegada. Negar o papel do direito das relações internacionais é, de alguma forma, negar a própria existência da sociedade internacional. No limite e à maneira de Dostoievski (*Irmãos Karamazov*), proponho que, se o direito internacional não existe, tudo é permitido. Felizmente, a presença da ordem jurídica nas relações internacionais é uma realidade objetiva (mar territorial, alto-mar, espaço extra-atmosférico, imunidade de jurisdição, comércio internacional, OIs) e prospectiva (p. ex., direitos humanos), confirmada pela prática dos atores desse ordenamento jurídico.

Os *negadores teóricos*, por sua vez, conquanto reconheçam a necessidade do estabelecimento de normas para pautar o relacionamento internacional, consideram a falta de obrigatoriedade e sobretudo a ausência de imposição coativa de sanção para eventual descumprimento como sendo o calcanhar de aquiles do direito internacional. Nesse sentido, defendem que a aplicação da sanção pressupõe um aparato coercitivo (força armada) e esse aparato demanda, por sua vez, uma autoridade (terceiro) entre aquele que dita a norma e quem deve obedecê-la. Ambas as coisas estão ausentes na esfera internacional. Alguns reputam, também, a falta de um legislador universal como outro ponto fraco desse direito.

Essa percepção deriva do fato de que em sociedades mais institucionalizadas a força é monopólio do Estado, que dita as leis e administra a aplicação da justiça. O direito positivo interno pressupõe, ainda, uma ordem de subordinação. O Estado cumpre, assim, três funções indispensáveis: criação, verificação e execução do direito. Para os descontentes teóricos, nenhuma delas está presente no plano internacional.

Isso porque inexiste única fonte de produção normativa a vincular o conjunto da sociedade, tampouco órgão assegurador do cumprimento do quadro normativo internacional.

Sobre as ponderações, ocorre-me, de início, a bela escultura de Alfredo Ceschiatti em frente ao STF. Trata-se da imagem da Justiça personificada de olhos vendados e sentada com espada no colo. É a clássica imagem de uma justiça que é imparcial e que assegura o cumprimento de suas decisões. Sobre a imparcialidade, sempre me preocupo quando ela é insistentemente invocada por esse ou aquele tribunal, por tal ou qual magistrado. Lembro o provérbio português: "É o excesso de vela que põe fogo na igreja".

A espada, a seu turno, relaciona-se com a coercibilidade. Aproxima-se da ideia da suscetibilidade da coerção, não sua imposição. Isso tendo em vista que, na maioria dos casos, a observância da regra se faz de forma voluntária. Não se deve, assim, confundir o ordenamento jurídico como uma ordem de coação. O ser humano tende naturalmente à ordem, embora seja o desvio que dá notícia. As melhores intenções e os esforços mais genuínos de cumprimento da lei não se sobrepõem ao apelo midiático da transgressão excepcional.

Já se disse que a sanção é a consequência desfavorável prevista pela norma para o caso de seu descumprimento. Ela é, pois, um efeito jurídico da desobediência. A regra em si é munida de coercibilidade, é suscetível de imposição, não obstante em determinados casos essa aplicação coativa da sanção não se realizar por diferentes motivos. Alguns estudiosos chegam à conclusão de que a própria existência de sanção torna a ordem jurídica não imperativa. Isso porque a pessoa poderia escolher entre a omissão da conduta proibida e a sujeição às consequências dessa escolha. Enfim, os desafios teóricos são expressivos. Entretanto, a necessária correlação entre direito e sanção não é insuperável. Nesse sentido, pode-se dizer, de um lado, que toda ordem normativa tem alguma forma de sanção; e, de outro, que ela varia conforme o caso.

No direito internacional, a força para sua eventual imposição é a vontade dos Estados que compõem a sociedade internacional. Lembro, entretanto, que a maioria dos Estados observa a maioria das normas do direito das gentes na maior parte do tempo. Em suma, também no plano internacional se verifica o cumprimento espontâneo e majoritário das normas internacionais. Quais seriam então as hipóteses de sanção nas situações minoritárias de descumprimento?

De início, a *autotutela* – ou autoajuda –, aplicada pelo próprio ofendido. Cuida-se do modo mais primitivo de sanção, que se tornou incomum nos ordenamentos jurídicos estatais com o advento do Estado democrático de direito e ante a existência de um terceiro isento e independente para dirimir as controvérsias. No caso, o Judiciário. Ainda assim, encontramos resquícios dessa forma de proceder.

Veja, entre nós, o disposto no §1º do art. 1.210 do CC: o possuidor que sofreu turbação (perturbação) ou esbulho (privação ilegal da posse de coisa sua) "poderá manter-se ou restituir-se *por sua própria força*, contanto que o faça logo; os atos de defesa ou de desforço não podem ir além do indispensável à manutenção ou restituição da posse" (ênfase acrescida). Existem, dessa forma, duas condicionantes para implementação da força: contemporaneidade (reação imediata) e proporcionalidade dos meios utilizados.

Na esfera internacional, a autotutela está prevista no art. 51 da Carta da ONU: "Nada na presente Carta prejudicará o direito inerente de *legítima defesa* individual ou coletiva, no caso de ocorrer um ataque armado contra um membro das Nações Unidas até que o Conselho de Segurança tenha tomado as medidas necessárias para a manutenção da paz e da segurança internacionais [...]". Admite-se, com isso, o emprego de força em contrarreação a um ataque. Cuida-se, como dito, de exceção à proibição geral do uso ou da ameaça do uso da força (art. 2º, 4, da Carta) nas relações internacionais. Como se deve supor, esse dispositivo deu margem a polêmicas interpretativas as mais variadas.

De início, as divergências que são proporcionadas pelas diferentes traduções. Aqui convém ao aluno ir se afeiçoando aos desafios da arte de traduzir, tão bem estudados entre nós por Paulo Rónai. É, também, importante ter claro que na atualidade, sobretudo aos interessados pelas relações internacionais, não se deve ficar confinado nos limites da língua pátria. Voltando ao artigo em comento, veja que o texto em inglês prescreve o "direito inerente" (*inherent right*), enquanto o francês fala no "direito natural" (*droit naturel*) à legítima defesa.

Para abreviar tempo e conflitos, recordo que o direito natural precede o direito feito pelos homens e remete à eterna noção de certo e errado; por sua vez, o direito inerente a alguma coisa não estaria acima do direito positivo, situar-se-ia no plano do direito costumeiro. Enfim, bem-vindo ao velho e conhecido drama das versões, que provoca o deleite dos envolvidos em disputas. Cada palavra tem seu peso; cada pontuação sua relevância; tudo é levado em conta.

Diante das circunstâncias desta obra, não tenho o propósito de aprofundar o assunto, mas lembro que é difícil situar com certeza o que se entende pela expressão "ataque armado" constante do art. 51 da Carta. Isso, entre outras coisas, pelo fato de serem infrequentes as hipóteses relativas ao referido dispositivo e heterogêneas as situações. O tema vai evoluindo com a prática.

Assim, por exemplo, o CSNU não endossou a tese jurídica da proteção de seus nacionais como justificativa de Israel para a invasão do Aeroporto Internacional de Entebbe, Uganda, em 1976, no intuito de resgatar israelenses sequestrados em voo comercial e lá retidos. Tampouco foi respaldado o argumento da legítima defesa "preventiva" como pretexto para o ataque surpresa da Força Aérea Israelense ao reator nuclear em construção (Osiraq) perto de Bagdá, em 1981. Com relação aos ataques terroristas de 11 de setembro de 2001, o Conselho entendeu que a legítima defesa pode ser exercida contra organização terrorista, tolerada ou assistida por um Estado, desde que os ataques praticados pelo grupo tenham "gravidade considerável".

Também no plano internacional e à vista de desenvolvimentos práticos da matéria, de que os casos descritos dão notícia, limites foram sendo estabelecidos ao exercício da legítima defesa. Nesse sentido, o direito consuetudinário aplicável estabelece três condições: (i) necessidade (inexistência de outro meio de contenção); (ii) contemporaneidade (resistência imediata); e (iii) proporcionalidade (em relação à gravidade do ataque). Tal como é hoje considerada pela expressão majoritária dos

Direito das Relações Internacionais

autores, a legítima defesa é admitida desde que se observem os parâmetros fixados pelo direito internacional. Lembro, ainda, que não existe legítima defesa contra legítima defesa. À maneira de Sherlock Holmes, é elementar que alguém atacou primeiro.

A autotutela representa, de alguma maneira, contraponto ao argumento dos teóricos. Trata-se de sanção típica de sociedade menos organizada do que aquela em que prevalece a tutela de outro, ou seja, a sanção aplicada por "pessoa" acima dos envolvidos. Nesse sentido, recordo que a teoria do direito propõe dois critérios para identificar a sanção jurídica: (i) ela se destina a fazer respeitar a regra de direito e, de modo mais exato, a reprimir a transgressão de norma de conduta; e (ii) ela pressupõe a existência de uma autoridade habilitada pela ordem jurídica em questão, que, na posição de terceiro independente, proceda à sua aplicação de sanções nas hipóteses cabíveis.

O fato é que, embora imperfeitas, pode-se observar a existência de algumas sanções no âmbito do direito internacional público. De um lado, algumas formas de autodefesa (retorsão, contramedida, medidas restritivas, retaliação e represália); de outro, a possibilidade de intervenção de terceiro para implementação de possível sanção quer pela via política (p. ex., recurso ao CSNU), quer pela jurisdicional judiciária (tribunal internacional) ou arbitral.

Antes de avançar considerações sobre o que denominei de *formas de autodefesa*, lembro a hipótese da *ruptura de relações diplomáticas*, tema inserido no âmbito do direito diplomático. Cuida-se de ato discricionário e excepcional que implica a cessação temporária de relações oficiais com determinado governo. Esse contexto encerra protesto contra afronta grave recebida (p. ex., ingerência nos assuntos internos, violação territorial) e pode servir como meio de pressão para modificar certa atitude ou para chegar a acordo sobre determinada questão.

Não se trata de sanção em sentido estrito, mas o ato expressa que a parte ofendida não aguarda nada mais do entendimento diplomático e, em geral, culmina com a retirada ostensiva de seus diplomatas do Estado dito ofensor. Esse quadro, contudo, não acarreta, de modo necessário, a descontinuidade das relações econômicas, comerciais, marítimas, aéreas e postais. Tampouco a automática ruptura das relações consulares. As consequências jurídicas da medida são tratadas pelo art. 45 da CVRD (1961).

Da prática brasileira, cito o rompimento coletivo das Repúblicas Americanas com as "Potências do Eixo", (Alemanha, Itália e Japão (1942)) e a ruptura individual com o Império Britânico (Questão Christie (1863)) e com a União Soviética (1947). Na atualidade, existe "rompimento" de fato, mas não de direito (inexistência de ato formal) com a Venezuela. Recordo, por fim, que a possibilidade de ação coletiva é contemplada na Carta da ONU (art. 41, parte final).

Sob as formas de autodefesa, ressalto que não há uniformidade entre os autores acerca da definição e natureza jurídica, tampouco de sua aplicação. Avançarei no entendimento mediano da doutrina e, como o leitor poderá perceber, há alguma sobreposição de conceitos e práticas. De todo modo, convém ter em mente linha divisória mínima entre uma e outra maneira de contraposição unilateral a ato ilícito cometido por outro Estado.

Na *retorsão* tem-se a prática de ato lícito em desfavor de Estado que perpetrou ato injusto, descortês, pouco amistoso. O ato assim classificado fica no plano preocupante, sem avançar para dimensão grave. Essa medida inspira-se no princípio da reciprocidade e no respeito mútuo que um país deve ter com o outro. Nesse sentido, a limitação injustificada de determinada atividade diplomática ordinária. No caso, a retorsão pode ser a imposição da mesma restrição (reciprocidade). Outra hipótese seria o corte de ajuda econômica e/ou cooperação técnica voluntária por parte do Estado prejudicado.

As *contramedidas*, por sua vez, são aquelas adotadas pelo Estado lesado com o objetivo de levar o responsável pela prática do ato ilícito a cumprir com suas obrigações. De outra forma, pedem-se cessação do comportamento ilícito e adimplemento dos seus deveres. Sua imposição, porém, não deve afetar as obrigações do Estado sancionador de: abster-se da ameaça ou uso da força; atuar em conformidade com a proteção de direitos humanos; e respeitar o caráter humanitário.

Direito das Relações Internacionais

Para além disso, as contramedidas devem ser estabelecidas de acordo com o prejuízo sofrido (proporcionalidade) e mediante determinadas condições. Entre essas, destaco: manutenção de certo grau de equivalência entre os atos praticados; solicitação ao Estado responsável para o adimplemento antes da adoção das contramedidas; notificação anterior de qualquer decisão; e disponibilidade para negociar. As contramedidas devem ser suspensas com a descontinuação do ato ilícito ou na hipótese de a disputa ter sido submetida ou estiver pendente de solução jurisdicional.

Apresentam-se como variante da contramedida as chamadas *medidas restritivas*. Elas são importante instrumento da Política Externa e de Segurança Comum da UE. No âmbito dessa Política, a UE pode impor medidas restritivas, que representam instrumento multilateral, de natureza político-diplomática, de caráter não punitivo. Aspecto que a distingue das contramedidas é o fato de não ser necessário que a UE tenha sido lesada.

Essas medidas podem ser de iniciativa própria ou vinculadas a resoluções do CSNU. Elas são estabelecidas por meio de regulamento e visam a alterar ações ou políticas contrárias ao direito internacional ou aos direitos humanos, bem como políticas que desrespeitam o Estado de direito ou os princípios democráticos. No mais, elas têm como destinatários governos de países extracomunitários, organismos não estatais e pessoas físicas ou jurídicas. As medidas restritivas são, pois, forma de sanção e o meio utilizado para sua divulgação (ver: sanctionsmap.eu/#/main) deveria inspirar outras iniciativas.

A chamada *retaliação* flutua entre retorsão e contramedida. A retaliação pode ter características próprias relacionadas sobretudo ao marco jurídico no qual está inserida. Veja-se, por exemplo, sua aplicação no âmbito do sistema de solução de controvérsias da Organização Mundial do Comércio (OMC). No ponto, o Anexo 2 (Entendimento Relativo às Normas e Procedimentos sobre Solução de Controvérsias) do Tratado de Marraqueche (Tratado Constitutivo da OMC (1994)).

Nesse sistema, a retaliação representa a consequência final e mais séria pela não implementação dos chamados acordos abrangidos pelo Entendimento (Apêndice 1 do referido Anexo 2). Nessa hipótese e tendo em vista o disposto no Entendimento (art. 3, 7), a retaliação pressupõe a anuência do Órgão de Solução de Controvérsias (OSC). Uma vez aprovado, o Estado-membro lesado pode aplicar a retaliação contra o outro membro.

No caso, existe um terceiro, o OSC. Não tem relação, pois, com "autodefesa". De toda maneira, o acesso a esse sistema de solução de controvérsias e a solicitação para o estabelecimento de um grupo especial é um direito da parte reclamante (art. 6, 1, do Entendimento). Dessa forma, o Estado faltoso será acionado.

A *represália* é mais contundente. Trata-se da adoção de ato ilegal por determinado Estado em resposta à prática por outro Estado de ato também ilegal e anterior. O atingido pode, por hipótese, suspender o cumprimento de determinada obrigação prevista em tratado específico (p. ex., interromper pagamento de dívida, bloquear ativos do faltoso em seu país). Inexiste a necessidade de incidência sobre os mesmos interesses que estão em disputa nos atos tidos por ilícitos. É possível, em circunstâncias mais graves, o uso da força (represália armada) para reprimir a investida do Estado infrator (p. ex., incidentes na fronteira).

É importante traçar diferença, nem sempre fácil, entre autodefesa e represália. Aquela é ação defensiva para afastar ou prevenir ataque atual ou iminente; esta é resposta similar ou punitiva para a ação ilegal objetivando assegurar o retorno, em geral no curso das hostilidades, às práticas legais de comportamento. Autodefesa pressupõe uso da força; represália contempla a possibilidade desse uso.

Destaco, ainda, que na hipótese de existência de disposições proibitivas de qualquer forma de represália contra pessoas protegidas (p. ex., população civil), previstas em tratados de direito internacional humanitário, eventual represália não deve prosperar. Convém recordar que legítima defesa e represália têm, como visto, requisitos para sua eventual adoção.

Dessa forma, constata-se que a diferença entre retorsão, contramedida e represália é mais de grau (contundência) do que de substância (natureza sancionatória). Ainda em relação a elas, é válido observar que o Estado que as implementa é também passível de ser prejudicado (p. ex., bloqueio comercial), o que pode ser mais um empecilho para sua efetividade.

Outro incômodo a considerar está em que a autodefesa, em princípio, só é realizável se o Estado prejudicado tiver força igual ou superior à do causador do dano. Nesse ponto, aflora o tema da desigualdade de fato dos atores da sociedade internacional, que, de direito, têm a mesma estatura: princípio da igualdade dos Estados no plano internacional.

Nesse sentido, não é de admirar que os Estados recorram, em casos de maior gravidade, à *legítima defesa coletiva* (art. 51 da Carta). Nessa hipótese, eventuais "sanções" serão impostas por grupos de Estados, que, em geral, atuam por intermédio de uma OI (p. ex., ONU e Organização dos Estados Americanos (OEA)), mas também mediante assistência mútua (p. ex., Tratado Interamericano de Assistência Recíproca (Tiar/1947)) ou aliança militar (p. ex., Tratado do Atlântico Norte, que criou a Organização do Tratado do Atlântico Norte (Otan/1949)).

Aqui, a atuação de terceiro se faz objetivando restabelecer a situação e, em algumas hipóteses, evitar repetição do ato inamistoso. Considerando tratar-se de expediente político, a verificação pontual da presença das condições para o exercício da legítima defesa coletiva é feita caso a caso. Inexiste detalhamento prévio das situações. Some-se a isso o fato de que não há um direito do Estado atacado a invocar o exercício de legítima defesa coletiva contra o suposto agressor com base, tão só, na sua apreciação dos fatos.

Outro aspecto importante se relaciona com a necessidade de o Estado vítima basear seu pedido em tratado ou em solicitação expressa. Busca-se, assim, evitar possível e indesejado "ativismo" de Estados mais poderosos (p. ex., União das Repúblicas Socialistas Soviéticas (URSS) na Hungria (1956), EUA no Vietnã (1967)). No mais, devem ser aplicadas as mesmas condicionantes da legítima defesa (necessidade, contemporaneidade e proporcionalidade).

Hipótese clássica e incomum do exercício dessa forma de legítima defesa é a que se vincula com a intervenção da ONU por provocação do atingido ou de qualquer membro (art. 35 da Carta). A Organização pode atuar tanto por meio da AGNU, órgão colegiado máximo e com competência para discutir quaisquer questões ou assuntos, bem como fazer recomendações a seus membros ou ao CSNU.

O Conselho, que tem a principal responsabilidade na manutenção da paz e da segurança internacionais, pode, ainda, ser acionado diretamente pelo Estado interessado. Essa perspectiva é a mais empregada. Isso pelo fato de o CSNU, ao contrário da AGNU, estar disponível de modo ininterrupto e contar com meios mais efetivos de ação (art. 25 (resoluções mandatórias), bem como capítulos VI (solução pacífica de controvérsias) e sobretudo VII (ação relativa a ameaças à paz, ruptura da paz e atos de agressão), da Carta). Essa intervenção pode ser tanto preventiva quanto corretiva.

Exemplo didático dessa forma de coerção foi o consentimento do Conselho para a evacuação das tropas iraquianas que invadiram o Kuwait em 1990 (Guerra do Golfo – 1990/91). Logo após a invasão, o CSNU se reuniu por solicitação do agredido. Considerando que a ação iraquiana fora uma violação manifesta à paz e segurança internacionais, o órgão exigiu, com base nos arts. 39 e 40 da Carta, a retirada imediata e incondicional das forças de ocupação (Resolução nº 660, 2 de agosto de 1990). Persistindo o quadro, o Conselho instituiu sanções econômicas contra o invasor (Resolução nº 661, 6 de agosto de 1990); na sequência, decretou bloqueio naval (Resolução nº 665, 25 de agosto de 1990). O assunto seguiu escalonando num crescendo de ações diplomáticas, econômicas e, por fim, militares.

Enquanto o tema avançava em Nova York, os iraquianos tentavam defender juridicamente a ocupação militar: o território subjugado era iraquiano; o Iraque tinha direito de acesso ao Golfo Pérsico; o Kuwait descumpriu acordos para exploração conjunta de petróleo na fronteira entre os dois países; e o "convite" partiu da oposição kuaitiana. Na constelação de despropósitos, a "invasão por convite" era a estrela à parte. Os argumentos, pelo que se percebe, não resistiram a análise jurídica equilibrada.

Esse o quadro, o CSNU adotou a Resolução nº 678, de 1990. Seu texto fixou limite temporal (15/01/1991) para a completa retirada das tropas iraquianas do país invadido. Na hipótese de não cumprimento, a resolução autorizava os Estados-membros que estavam cooperando com o governo kuaitiano no exílio a utilizar "todos os meios necessários"

Direito das Relações Internacionais

para implementar a Resolução n° 660 e as subsequentes, restaurando a paz e a segurança na região. O emprego de força armada pela coalizão (Operação Tempestade no Deserto) foi legitimado pelo CSNU no âmbito do instituto da legítima defesa coletiva.

Expressão importante da literatura jurídica considera o episódio como exemplo oportuno, mas raro de coerção legal sob o amparo da legítima defesa coletiva contra comportamento ilícito. Nesse sentido, ela representa evolução sobre as tradicionais hipóteses de uso unilateral e não autorizado de força. Entretanto, a doutrina censura a falta de aplicação de efetivo militar próprio da ONU ou sob seu comando. Reconhece, por fim, que interesses geopolíticos e econômicos dos membros efetivos do CSNU favoreceram, na altura, a adoção da medida extrema. Idêntica convergência reativa, por exemplo, não sucedeu na Somália (1992), tampouco no Kosovo (1999).

Feitas essas ponderações, recordo que o direito interno materializa suas sanções por meio da máquina coercitiva do Estado. A legitimidade para isso deriva sobretudo do ordenamento constitucional doméstico. Por sua vez, o direito internacional, em que pese imensa evolução nos últimos anos, ainda não tem a respaldá-lo aparato permanente e seguro para garantir seu cumprimento. Ele é obedecido principalmente à vista do provável alto custo representado por eventual desobediência às suas normas.

Desse modo, a principal sanção pode ser a exclusão, parcial ou total, do Estado infrator da sociedade que esse direito visa a regular (Wolfgang Friedmann (1971)). Pelo que a experiência mostra, a possibilidade de não participação nessa sociedade tem sido forte incentivo à sua observância. Percebe-se, à vista da crescente conscientização quanto aos custos e às dificuldades que todos teriam de suportar caso ele não existisse ou não fosse respeitado, que a autolimitação é uma espécie de primeira contenção às possíveis tentações para o descumprimento.

Concluo este item propondo que a preocupação obsessiva com o tema da existência ou não do direito internacional perdeu relevância. Emancipados desse debate, os estudiosos devem avançar para considerações sobre seu conteúdo. Interessa saber se o direito das gentes é efetivo, aplicável, compreendido e justo (Thomas Franck, *Fairness in international law and institutions*). Entender, ademais, se ele é mesmo internacional (Anthea Roberts, *Is international law international?*). Nesse sentido, identificar quem participa da sua fatura, quem faz a agenda (terrorismo, crime organizado, drogas, meio ambiente *vs.* migração, pobreza, desigualdade) e por quê? Essas, a meu ver, são algumas das questões pertinentes no momento.

DIREITO DAS RELAÇÕES INTERNACIONAIS E DIREITO INTERNO

O tema é relevante à vista dos problemas práticos que suscita (p. ex., hierarquia e aplicação interna do direito das gentes). Creio ser útil começar pelo estudo da atitude de um relativamente ao outro; na sequência, tratar de alguns dos desafios dessa convivência.

O assunto pode ser considerado a partir dos seguintes entendimentos: unidade, dualidade ou pluralidade de ordenamentos jurídicos. Essas perspectivas são tradicionalmente compreendidas tendo por base duas teorias: monista e dualista (ou pluralista), com suas respectivas variantes.

Os apoiadores do monismo defendem que o ordenamento jurídico é uno. O desafio está, portanto, em saber sob qual ordem jurídica ocorre essa unidade. Assim, os defensores da tese se dividem entre os que estimam que ela acontece sob a ótica do direito internacional (monistas internacionalistas) e aqueles que entendem o contrário (monistas nacionalistas).

Para a vertente internacionalista, inexiste a possibilidade de normas incompatíveis, porquanto possível conflito é sempre resolvido em prol do direito das gentes. Nesse sentido, Hans Kelsen (*Principios de derecho internacional publico*), o apoiador mais renomado, propõe que o fundamento da obrigatoriedade de toda ordem jurídica deriva de uma norma básica (*Grundnorm*). Para ele, essa norma é o respeito aos compromissos assumidos (*pacta sunt servanda*), que tem origem no costume internacional e na necessidade de sua observância (*consuetudo est servanda*).

Direito das Relações Internacionais

Ao revés, os adeptos do monismo nacionalista postulam a existência de único sistema assentado na superioridade da ordem jurídica local. O direito internacional é considerado como "direito estatal externo". Com isso, haveria um direito das relações internacionais *à la carte*. O Estado ficaria à vontade para escolher as normas internacionais que pretende observar e senhor da desnecessidade de seu cumprimento. Direito que só e obrigatório quando o destinatário decide, deixa de ser direito. Essa "superioridade" equivale, em última análise, à negação do direito das gentes e, por consequência, da própria sociedade que ele busca disciplinar.

A teoria dualista compreende que os ordenamentos não se comunicam. Inexiste ponto de contato, já que elas não têm o mesmo objeto tampouco regulam as mesmas relações sociais. A norma interna se aplica no âmbito do Estado e não ingressa na ordem jurídica internacional. Alguns autores falam em escola pluralista, visto que as ordens internas são múltiplas.

Trata-se do princípio da eficácia interna das leis nacionais ou da não extraterritorialidade. O direito internacional, por sua vez, é "incorporado" ao direito interno. O dualismo enfatiza, assim, a necessidade de consentimento efetivo dos Estados, que atuam tendo em atenção dois planos distintos: o das relações internas e o das relações internacionais.

Com isso, os dualistas não consideram a existência de conflito entre as duas ordens. O máximo que concebem é a perspectiva de responsabilidade internacional do Estado pelo descumprimento de compromissos assumidos e incorporados ao seu ordenamento. Trata-se de leitura em que o Estado age por vontade própria. Daí falar-se em concepção voluntarista do direito das gentes. A plausibilidade desse entendimento está, entre outros, no fato de que um tratado tende a continuar em vigor no plano externo mesmo após sua transgressão por uma das partes.

Nos dias de hoje, a disputa tem interesse mais acadêmico. Nesse sentido, os dualistas não escondem a forte influência positivista marcada pelo ideal de soberania; e os monistas (internacionalistas) não disfarçam a presença do direito natural e a aspiração a uma comunidade internacional. Ocorre que nenhuma das duas escolas reflete, de modo apropriado, o atual momento. Com isso, penso ser mais adequado

60

deixar de lado esse debate e avançar em considerações práticas sobre o tema considerando o direito internacional e o doméstico.

Para o direito das relações internacionais, a regra é sua preponderância, consequência lógica e condição de sua existência. Destaco, contudo, que ele não ignora o direito interno. O direito das gentes lança mão do ordenamento local, por exemplo, como prova do costume internacional ou dos princípios gerais de direito. Além disso, remete determinados assuntos, com salvaguardas, à deliberação estatal (p. ex., nacionalidade). Ademais, no âmbito do direito internacional dos direitos humanos, estabelece a primazia da norma mais favorável à pessoa humana, que pode até ser uma norma interna do Estado em causa em detrimento de norma internacional a ele vinculada.

Assim, os sujeitos do direito internacional devem "estabelecer condições sob as quais a justiça e o respeito às obrigações decorrentes de tratados e de outras fontes do direito internacional possam ser mantidos" (Preâmbulo da Carta da ONU). Para isso, verifica-se o reconhecimento universal dos princípios do livre consentimento e da boa-fé, bem como do *pacta sunt servanda*.

No mais, o Estado não pode invocar norma ou lacuna do seu direito para justificar eventual descumprimento do direito internacional (art. 27 da Convenção de Viena sobre o Direito dos Tratados (CVDT, 1969)) e está obrigado a introduzir em seu ordenamento as modificações necessárias para a execução dos compromissos internacionais validamente contraídos. No tocante a essa obrigação, o direito internacional deixa a cargo do Estado a escolha do método que estimar mais adequado.

Trata-se do conjunto de matérias sujeitas à regulamentação nacional. Desse modo, é o direito interno que articula os termos de sua vinculação com o internacional. A liberdade estatal nesse ponto acarreta ausência de uniformidade entre os diferentes ordenamentos. Com isso, fala-se em: incorporação, adoção, transformação, recepção ou transposição do direito internacional para a ordem interna.

O reconhecimento dessa primazia é, de resto, confirmado pelas instâncias jurisdicionais internacionais em copiosa lista de casos. Há precedentes antigos sobre, por exemplo, o predomínio do direito das gentes convencional em relação ao direito constitucional doméstico (Corte Permanente de Justiça Internacional (CPJI): Parecer Consultivo Relativo ao Tratamento de Nacionais Poloneses e outras Pessoas de Origem Polonesa no Território de Danzig (1932)); e o primado do direito das gentes sobre atos administrativos (CPJI: Caso Wimbledon, Alemanha *vs.* França (1923)), bem como sentenças judiciais locais (CPJI: Caso Fábrica de Chorzów, Alemanha *vs.* Polônia (1928)).

Já o posicionamento do direito interno em relação ao direito internacional é mais difícil de resumir. Isso em razão da pluralidade de ordenamentos jurídicos domésticos, que carrega valores os mais diversos e até mesmo antagônicos. A questão, do ponto de vista prático, está em saber qual a força jurídica (valor e eficácia) do direito das gentes no plano local, como ele é incorporado e de que modo são resolvidas eventuais incompatibilidades (antinomias). Sobre o tema, faço a seguir brevíssima incursão no direito comparado e avanço para apreciar o caso brasileiro.

O estudo de direito constitucional comparado indica que a estatura hierárquica do direito das relações internacionais nas distintas ordens internas pode ser inscrita em uma das seguintes situações: (i) supraconstitucional (p. ex., Países Baixos (interpretação dada ao art. 91, 3 da sua Constituição)); (ii) constitucional (p. ex., Argentina, art. 75, 22, da Constituição (direitos humanos)); (iii) supralegal (p. ex., França, art. 55 da sua Constituição, desde que haja reciprocidade); (iv) legal (p. ex., EUA (interpretação dada ao art. VI, 2, da sua Constituição)); e (v) ausência de previsão (p. ex., Brasil). Desconsidero, por falta de amostra, hipótese em que o direito internacional esteja abaixo da lei (infralegal). Observo, contudo, que os exemplos dados são aproximativos, não se deve esquecer a complexidade da matéria, de que o caso brasileiro, adiante considerado, é bom exemplo.

Os países de *common law* acompanham, com modulações, a fórmula de *Sir* William Blackstone: "o direito internacional é parte do direito local" (*international law is part of the law of the land* – "Comentários sobre as leis da Inglaterra", 1769). Esse entendimento, todavia, aplica-se somente às fontes extraconvencionais (princípios gerais de direito e costume internacionais). Os tratados demandam aprovação parlamentar e posterior incorporação, que é comumente feita por meio de lei. Nos EUA, a Suprema Corte equiparou o costume internacional à lei federal (*international law is part of our law* – Caso Paquete Havana, 1900). Ademais, esses países não indicam, de forma clara, a hierarquia das fontes internacionais nos respectivos ordenamentos. Elas equivalem, em regra, à legislação ordinária.

Na família romano-germânica o assunto apresenta variações. Destaco, para começar, o pioneirismo alemão expresso na Constituição de Weimar (1919): "art. 4. As regras do direito internacional, geralmente reconhecidas, valem como parte integrante do direito alemão". Com inspiração "blackstoneana", esse é o embrião da doutrina da "simpatia com o direito internacional" (*völkerrechtsfreundlichkeit*), que, após o sombrio período nazista, renasce na Lei Fundamental de Bonn, de 1949 (art. 25 – "As regras gerais do direito internacional público são parte integrante do direito federal. Sobrepõem-se às leis e constituem fonte direta de direitos e obrigações para os habitantes do território federal"). Essa atitude estimula outros aperfeiçoamentos. Assim, a Constituição sul-africana (1997) determina ao intérprete da lei a adoção de entendimento (razoável) mais consistente com o direito internacional (art. 233).

Os países de "direito continental" (*civil law*) apresentam, como mencionado, expressiva variedade de situações. O caso brasileiro é exemplar. Considerando a classificação de direito comparado antes referida, começamos na hipótese (v) e continuamos com situações enquadráveis em (ii), (iii) e (iv).

De início, considere o silêncio constitucional em relação ao direito das gentes. A situação foi resolvida pelo STF no julgamento da ADI n° 1.480, de 1997, que estabelece "mera relação de paridade normativa" entre tratados e leis ordinárias. No tocante às fontes extraconvencionais, predomina leitura que entende ser ele parte do nosso ordenamento (p. ex., Ação Civil Originária n° 298, de 1982 (costume internacional)).

Direito das Relações Internacionais

Inexiste, porém, definição sobre sua hierarquia, que entendo ser, no mínimo, equiparável àquela atribuída aos tratados.

Mais adiante, a Emenda à Constituição nº 45 (2004) estabeleceu que os tratados de direitos humanos aprovados na Câmara dos Deputados e no Senado Federal, em dois turnos, por três quintos dos votos dos respectivos membros, serão equivalentes às emendas constitucionais (art. 5º, § 3º). O termo "equivalente" é, do ângulo técnico-jurídico, inadequado. O legislador argentino foi, no tema, mais exato. Ele listou os tratados que têm hierarquia constitucional (v. art. 75, 22, da Constituição).

De toda maneira, o STF entendeu que os tratados de direitos humanos aprovados de acordo com o rito descrito têm estatura de norma constitucional (Recurso Extraordinário (RE) nº 466.343, de 2008). O Tribunal decidiu, também, que os tratados de direitos humanos que não seguiram o mencionado rito são supralegais e infraconstitucionais (RE 349.703, de 2008; *Habeas Corpus* (HC) nº 88.240, de 2008; HC nº 96.772, de 2009). Em relação aos demais tratados, está mantida a orientação de que eles têm hierarquia legal (ADI nº 1.480). O que vai diferenciar o enquadramento é a matéria e o rito congressional de aprovação.

O legislador deu novo impulso ao assunto com a referida emenda constitucional. Associo a esse estímulo o contexto internacional dos dias de hoje. Esse quadro me leva a crer que o STF modificará sua orientação no que concerne aos tratados que não versam sobre a temática de direitos humanos. Quando isso ocorrer, serão duas hipóteses: estatura constitucional (direitos humanos (art. 5º, § 3º, da CF)) e estatura supralegal (demais casos). É aguardar. Hoje, no Brasil, são válidas as seguintes hierarquias: constitucional (direitos humanos (art. 5º, § 3º, da CF)); supralegal (direitos humanos (STF)); e legal (demais casos (STF)).

Por fim, registro que a maioria dos ordenamentos jurídicos internos coloca a Constituição acima das fontes do direito das gentes. Dessa maneira, na hipótese de conflito entre o texto constitucional e tratado prevalece a Constituição. Assim é no Brasil (p. ex., ADI nº 1.480, HC nº 79.785), mas também nos países-membros da UE. Essa situação é curiosa à vista do grau de sofisticação alcançado pelo direito comunitário.

Nesses países, há decisões das respectivas cortes constitucionais nas quais o conteúdo do direito da UE é controlado com parâmetro na Constituição nacional (p. ex., Dinamarca, Maastricht (1998); Espanha, "Solange" (2004); Polônia, Tratado de Adesão à UE (2005)). Veja-se, mais recentemente, a "decisão Lisboa" do Tribunal Constitucional Federal Alemão (2009) sobre a constitucionalidade do Tratado de Lisboa. Esse julgamento reafirmou os limites constitucionais da transferência de direitos de soberania à UE, bem como ampliou seu direito de controlar a constitucionalidade do direito da União.

Por fim, retomo o debate monismo/dualismo para assinalar que, de acordo com o STF, o Brasil é "dualista moderado" (p. ex., Agravo Regimental em Carta Rogatória nº 8.279). O Tribunal, confirmando a prática da República, fixou que o direito internacional é incorporado ao ordenamento jurídico brasileiro por meio de decreto presidencial, que tem sua hierarquia confirmada, como descrito, pelo quórum de aprovação. Como não se trata de lei, mas de decreto, o STF qualificou de "moderado" por oposição ao "radical" (incorporação mediante lei). Com isso, os interessados invocam a CVDT (1969) na esfera internacional; e recorrem ao Decreto nº 7.030, de 2009, que promulgou a Convenção, no plano interno.

Fontes do direito internacional

Fonte é o local de onde vem ou de onde se produz alguma coisa (p. ex., mina d'água). Aplicado ao Direito, o termo indica seus modos de produção e formação. Enfim, são os meios pelos quais ele se manifesta. Destaco que as fontes do Direito podem ser consideradas em sua acepção formal (processos de elaboração e direito positivo) e material (fundamentos sociais, políticos, econômicos e morais da norma jurídica). Além disso, elas são variáveis no tempo e no espaço.

Isso posto, cabe indagar: Como surgem? Quais são seus polos irradiadores? Quem as classifica e hierarquiza? Como são resolvidas suas incompletudes (lacunas) e conflitos normativos (antinomias). Essas e outras questões podem ser enfrentadas tomando o direito interno em sua infinita variedade (direito comparado) ou o direito internacional público.

Nos ordenamentos nacionais, há significativo consenso sobre a admissão da lei, dos costumes, dos princípios gerais de direito e dos precedentes judiciais no rol das fontes. Sua origem, classificação e hierarquia vão depender da "família" do direito a que pertence o centro de emanação da norma em exame. Em geral, identificam-se quatro grandes polos de procedência: (i) Legislativo (lei); (ii) Sociedade (costume, princípios gerais); (iii) Judiciário (jurisprudência – judiciária, administrativa; convencional, constitucional); e (iv) Academia (doutrina).

Na condição de integrante da família romano-germânica, o ordenamento jurídico brasileiro tem a lei, em sentido amplo, como fonte principal. Observe, assim, as categorias normativas que compõem nosso processo legislativo: emendas à Constituição, leis (complementares, ordinárias e delegadas), medidas provisórias, decretos legislativos e resoluções (art. 59 da CF). Repare que o dispositivo não se refere ao tratado. Foi o STF, conforme mencionado, que o ajustou em nosso ordenamento.

Embora fonte prevalecente, a lei pode ser incompleta, omissa. Nessa hipótese, "o juiz decidirá o caso de acordo com a analogia, os costumes e os princípios gerais de direito" (art. 4º da LINDB). São os chamados meios de integração da norma jurídica que também auxiliam o exegeta: a analogia (operação lógica pela qual se aplica a um caso não previsto em lei a norma jurídica disciplinadora de ocorrências semelhantes) e os princípios gerais de direito (proposições admitidas como condição de validade para outras enunciações – p. ex., isonomia, legalidade, boa-fé).

Há, ainda, a fonte negocial (contrato (lei entre as partes)), que demanda agente capaz, objeto lícito e forma prescrita ou não defesa em lei (art. 104 do CC). Dito isso, destaco que a lei e o costume são as fontes centrais do nosso ordenamento. O intérprete pode, de modo subsidiário, utilizar a jurisprudência (decisões judiciais colegiadas no mesmo sentido) e a doutrina (dos autores) como fontes secundárias.

Em relação ao direito das gentes, é difícil identificar e localizar suas fontes ante a ausência de Constituição, código ou autoridade legislativa única. Assim, o ponto de referência habitual no tratamento da matéria é o art. 38 do Estatuto da CIJ. O texto é de 1945, mas se inspirou fortemente no Estatuto da antecessora (CPJI), que é de 1920. A Carta da ONU estabelece que a Corte "funcionará de acordo com o Estatuto anexo, que é baseado no Estatuto da CPJI e faz parte integrante da presente Carta" (art. 92). O dispositivo possui a seguinte redação (ênfase acrescida):

Art. 38

1. A Corte, cuja função é <u>decidir de acordo com o direito internacional</u> as controvérsias que lhe forem submetidas, aplicará:
a) as convenções internacionais, quer gerais, quer especiais, que estabeleçam <u>regras expressamente reconhecidas pelos Estados litigantes</u>;
b) o costume internacional, como prova de prática geral aceita como sendo o direito;
c) os princípios gerais de direito, reconhecidos pelas <u>nações civilizadas</u>;
d) sob ressalva da disposição do art. 59 ("A decisão da Corte só será obrigatória para as partes litigantes e a respeito do caos em questão"), as decisões judiciárias e a doutrina dos juristas mais qualificados das diferentes nações, como <u>meio auxiliar</u> para a determinação das regras de direito.

2. A presente disposição não prejudicará a faculdade da Corte de decidir uma questão *ex aequo et bono*, se as partes com isso concordarem.

Tem-se, com isso, tratado, costume e princípios gerais de direito como fontes principais; e doutrina e jurisprudência como "meios auxiliares". Fala-se, por fim, em equidade (*ex aequo et bono* – "conforme o justo e o bom"). Essa dimensão restou acrescida ante a possibilidade de denegação de justiça à falta das fontes citadas. Ela, no entanto, demanda a anuência prévia das partes, o que jamais ocorreu.

O art. 38 acompanha a tradição e, nesse sentido, não inova, tampouco contém enumeração taxativa das fontes do direito das gentes. O dispositivo é, pois, objeto de crítica por estar desatualizado e mal adaptado às circunstâncias atuais. Apesar de não exibir lista hierárquica, percebe-se posição proeminente do tratado e do costume.

Considerando o tema da hierarquia, faço brevíssima nota sobre a solução de antinomias. Eventual incompatibilidade é um "defeito" do sistema, que cabe ao intérprete eliminar. Para sua solução, ele pode se valer dos seguintes critérios: (i) hierárquico (lei superior derroga a inferior); (ii) cronológico (lei posterior derroga a anterior); e (iii) da especialidade (lei especial derroga a geral).

Esse enquadramento é válido nos ordenamentos internos. Constituição *vs.* lei: prevalece a hierarquia constitucional; lei *vs.* lei: prepondera a última vontade do legislador; lei geral *vs.* lei especial: sobressai a especialidade. Exemplifico a última situação. Imagine o leitor eventual disputa sobre o prazo para retirada de extraditando do território nacional: 60 dias (art. 92 da Lei nº 13.445, de 2017, que dispõe sobre os direitos e os deveres do migrante e do visitante (Lei de Migração)), ou 80 dias (art. VI do Decreto nº 2.535, de 1938, que promulgou o Tratado de Extradição entre Brasil e México)? A Lei de Migração é lei geral. Ela cuida de vários assuntos relacionados com o migrante, entre eles, a extradição. Já o Tratado só cuida de extradição. Assim, ele precede, à vista da sua especialidade.

Os critérios para solução de antinomia referidos não se aplicam, de modo necessário, ao direito das relações internacionais. Não existe, em princípio, hierarquia entre fontes do direito internacional. Ressalvo, porém, a Carta da ONU (art. 103), a primazia do direito internacional dos direitos humanos e as normas imperativas (*jus cogens*). No âmbito das OIs, prevalece a hierarquia dos atos jurídicos emitidos pelos órgãos mais importantes. Já os demais critérios são aplicáveis se a origem (sujeitos envolvidos) das fontes em conflito é a mesma. Do contrário, não. A solução passa a ser política.

Hoje, o desafio das fontes é seu volume e multiplicidade de centros produtores. Desenvolvida em excesso, a pluralidade pode alterar a capacidade do sistema jurídico de desempenhar corretamente sua função, além de gerar incerteza sobre a identificação das regras. Constata-se como consequência desse caleidoscópio normativo e da crescente especialização institucional a presença cada vez maior de tratados altamente detalhados, instituições regionais, jurisdições especializadas.

Essa mudança foi percebida por uns como algo perigoso e representativo da patologia do sistema (p. ex., Prosper Weil); por outros, como situação inevitável e que reflete avanços importantes na sociedade internacional (p. ex., Ulrich Fastenrath). O tema, etiquetado como "fragmentação do direito internacional", levou a CDI a produzir estudo, sob a coordenação de Koskenniemi (*Fragmentation of international law: difficulties arising from the diversification and expansion of international law* (2006)), que demonstrou que ainda não estamos diante do "quinto" cavaleiro do Apocalipse. Havia dúvida sobretudo no concernente à solução dos conflitos normativos.

De acordo com o referido estudo, o atual ordenamento jurídico tem sido capaz de lidar com os contratempos mais desafiadores. De toda forma, os atores da cena internacional têm, cada dia mais, a incumbência de considerar o direito das gentes em seu conjunto. As diferentes fontes não podem mais ser apreciadas de modo isolado (*"clinical isolation"*), como bem lembrou o OSC da OMC (Caso Gasolina Modificada, Venezuela/Brasil *vs.* EUA (1996)).

PRINCÍPIOS

Como esclareci, o rol do art. 38 não segue hierarquia tampouco etimologia das palavras. A rigor, os princípios deveriam figurar primeiro. É que o termo significa origem, começo. Na ciência do Direito, o conceito revela conteúdo polissêmico a indicar parâmetros fundamentais de toda ordem jurídica. Assim, abro com eles.

A inclusão desses "princípios" na norma estatutária visou a auxiliar o intérprete, bem como evitar a denegação de justiça. Esse contexto é tanto mais provável no direito das gentes quanto mais se tem em conta seu caráter fracionado e sua menor elaboração. Há de se ressalvar, contudo, importante distinção entre "princípios gerais de direito", a que se refere o dispositivo citado, e "princípios gerais do direito internacional".

Os chamados "princípios gerais de direito" vinculam-se ao conjunto de princípios comuns aos grandes sistemas de direito contemporâneo passíveis de aplicação no plano internacional. Resultante da síntese de diferentes textos legislativos, eles constituem importante fundamento para interpretação, integração, conhecimento e aplicação do direito em vigor. Esses princípios compõem verdadeiro "patrimônio jurídico comum da humanidade".

Considerando sua generalidade, porquanto originários de campos diversos (moral, técnica jurídica, filosofia política), eles proporcionam unidade e harmonia ao sistema. Têm pretensão de complementariedade e objetivam a promoção de um estado ideal de coisas. Isso os distingue das regras que almejam a adoção da conduta descrita (v. Humberto Ávila, *Teoria dos princípios*). São exemplos: boa-fé (marca d'água de todo sistema jurídico), livre consentimento, respeito ao pactuado, proibição de enriquecimento ilícito, coisa julgada.

Ainda sobre o art. 38, cabe uma palavra a respeito da expressão "nação civilizada". Ela se vincula ao contexto da época em que o relacionamento interestatal era considerado sob perspectiva eurocêntrica. Como dito, o texto original é de 1920. Nos dias de hoje, há quem sustente que a locução se relaciona aos países que respeitam os direitos humanos. Além disso, na boa companhia de Kenneth Clark (*Civilização*), estimo complicado definir em termos abstratos o que seria "civilização" para ter exato entendimento do que seria uma "nação civilizada".

Já os "princípios gerais do direito internacional" congregam a principiologia própria desse ramo da ciência jurídica. Eles representam aquelas normas fundamentais do direito das gentes que têm sua gênese nos costumes e, portanto, também estão contemplados no Estatuto da Corte (art. 38, 1, b). Esses princípios podem ter, ainda, origem convencional. Cito, como exemplo, igualdade entre Estados, boa-fé no cumprimento das obrigações, solução pacífica das controvérsias, não intervenção nos assuntos internos, autodeterminação dos povos.

Veja, a propósito, a Declaração Relativa aos Princípios do Direito Internacional Referentes às Relações de Amizade e Cooperação entre os Estados (AGNU Resolução n° 2.625 (XXV), de 1970), mas sobretudo o art. 2° da Carta da ONU. Os princípios são tão essenciais à sociedade internacional que o item 6 desse artigo estabelece que a Organização fará com que os "Estados que não são membros" das Nações Unidas ajam de acordo com eles em tudo o que for necessário para a manutenção da paz e da segurança internacionais. Trata-se de rara exceção ao voluntarismo no direito internacional expressa em tratado. Ressalto que os princípios citados inspiraram a redação do art. 4° da CF.

Para as situações não contempladas nas disposições escritas do direito internacional, rememoro bela passagem do direito internacional humanitário expresso na Cláusula Martens (1899), que recomenda a aplicação dos "princípios do direito das gentes, derivados dos usos estabelecidos, dos *princípios de humanidade e dos ditames da consciência pública*" (ênfase minha). Esse texto foi retomado pelo direito humanitário contemporâneo e está refletido nas quatro Convenções de Genebra de 1949.

COSTUME

Isidoro de Sevilha registrou que "todo direito está na lei e nos costumes. A diferença entre eles reside em que a lei é escrita e o costume, ao contrário, aprovado por sua ancianidade, é uma lei não escrita" (*Etimologias* (1472)). O costume designa, na ciência jurídica, os *usos renovados e consagrados pelo sentimento de uma obrigação*. Com isso, o processo costumeiro reúne dois elementos: (i) a repetição do ato (*diuturnitas*); e (ii) a convicção de que reflete o justo (*opinio juris*) ou é requerido pela necessidade social, econômica ou política (*opinio necessitatis*). Seu processo de surgimento é descentralizado e não possui cronologia exata.

No direito das gentes, o costume tem tido papel fundamental ante a ausência de centro unificado para produção de normas jurídicas. Com efeito, durante séculos o direito internacional teve caráter preponderantemente consuetudinário. Sem fazer do costume um mito, os aplicadores do direito das relações internacionais buscam entrever como ele se impõe e o que defende, bem como em que referências se apoia.

Na origem, o costume internacional era baseado em aceitação universal e marcado pela antiguidade imemorial da prática. No presente, ele pode ser universal, geral, regional, local ou bilateral. Essa tipologia foi, de tal ou qual modo, referendada pela CIJ em diferentes julgados (p. ex., Caso Direito de Asilo, Colômbia *vs.* Peru (1950); Caso Direito de Passagem, Portugal *vs.* Índia (1957)). O marco cronológico viu-se, por igual, relativizado. Da prática centenária passou-se à prática instantânea. Essa teve origem quando da corrida espacial, no sentido de que o espaço cósmico é insuscetível de apropriação.

Do exposto, é possível antever os desafios para o emprego dessa fonte em caso concreto. E essas dificuldades se relacionam tanto à configuração da prática (elemento material) quanto à formação do sentimento de obrigatoriedade (elemento psicológico). Ademais, o encargo de provar a existência do costume, bem como sua aplicação à outra parte é de quem o invoca. Para tanto, pode-se fazer referência a atos administrativos, diplomáticos, políticos, legislativos, judiciais; como também a omissões e silêncios. Sobre isso, desenvolveu-se, em dadas situações, a chamada objeção persistente quer em relação a costumes existentes quer no tocante àqueles em vias de formação.

Quanto ao ônus da prova, recordo episódio envolvendo Equador e Reino Unido acerca da permanência de Julian Assange, fundador do WikiLeaks, na embaixada equatoriana em Londres. Expedido mandado de prisão decorrente de pedido extradicional da Suécia, Assange entrou no imóvel em 2012 e, alegando perseguição política, solicitou asilo, que lhe foi concedido. Ocorre que o Equador não conseguiu provar que o costume do asilo diplomático se aplicava ao Reino Unido. As autoridades britânicas tampouco puderam retirá-lo à força do prédio, tendo em vista o disposto no art. 22 da CVRD (1961). O impasse só foi resolvido em 2019, quando o governo equatoriano autorizou o ingresso da Polícia Metropolitana de Londres na embaixada e Assange foi preso.

Com relação à figura do objetor persistente (*persistent objector*), proponho, como exemplo, a votação na AGNU da Declaração das Nações Unidas sobre os Direitos dos Povos Indígenas (Resolução n° 61/295, de 2007), que foi aprovada por 143 votos. Os representantes da Austrália, Canadá, EUA e Nova Zelândia votaram contra a resolução e registraram que a Declaração não pode ser considerada como evidência de direito consuetudinário em evolução. Na ocasião, o representante canadense disse que o texto não era vinculante, não tinha nenhum efeito em relação ao Canadá e seus termos não refletiam costume internacional.

Tendo em atenção essas circunstâncias e com o intuito de proporcionar maior previsibilidade ao direito das gentes, a Carta da ONU fixou que a AGNU "iniciará estudos e fará recomendações, destinados a

[...] incentivar o desenvolvimento progressivo do direito internacional e sua codificação" (art. 13, a). Para tanto, ela criou, em 1947, a Comissão de Direito Internacional (CDI), que se reúne anualmente em Genebra.

O Estatuto da CDI esclarece que sob a expressão "desenvolvimento progressivo" são abordados os casos em que é necessária a redação de convenções a respeito de assuntos não disciplinados ou insuficientemente desenvolvidos; no tocante ao termo "codificação", ele é empregado para as hipóteses que demandam maior precisão nos domínios em que exista prática estatal considerável (art. 15).

Na perspectiva internacional, a principal função da codificação é a conversão do direito costumeiro em direito convencional. Aos poucos e sob o impulso de trabalhos como o realizado pela Comissão, o direito internacional consuetudinário vem sendo codificado. Busca-se com isso, entre outras coisas, dar maior previsibilidade a esse direito. Vários assuntos passaram para a lei escrita (p. ex., relações diplomáticas e consulares, direito dos tratados, direito do mar).

TRATADO

O tema provoca incontável bibliografia quer pela importância quer pela antiguidade. Sobre essa, lembro que a primeira manifestação comprovada de um "tratado" data do século XIII a.C. O documento, que se encontra no Museu de Arqueologia de Istambul, celebra a paz entre Ramsés II, faraó egípcio, e Hatsuil III, rei dos hititas. Na altura, como se pode imaginar, não se tinha o entendimento técnico de agora.

Cuida-se da fonte mais importante e mais utilizada por quem se ocupa do direito das relações internacionais. O tratado indica obrigações bem definidas para as partes; estipula regras para vinculação, bem como desvinculação de seus termos; pode prescrever formas de solução de controvérsias. Amplia, portanto, a segurança jurídica dos envolvidos. A título de exemplo observo que, de acordo com dados do Itamaraty (sistema Concórdia), o Brasil está vinculado a mais de cinco mil atos internacionais. Como salientou Ulf Linderfalk (*On the interpretation of treaties*), "vivemos na era dos tratados" (*we live in the age of treaties*). No caso brasileiro, desde antes do descobrimento (v. Tratado de Tordesilhas entre o Reino de Portugal e a Coroa de Castela (1494)).

Tratado é o *acordo escrito celebrado entre determinados sujeitos de direito internacional e gerador de efeito jurídico*. Essa definição contém um requisito implícito (regulamentação pelo direito internacional) e três explícitos, sem os quais não há tratado: (i) configuração escrita; (ii) celebração por certos sujeitos de direito das gentes (Estados, OIs, Santa Sé); e (iii) produção de consequência jurídica. A CVDT (1969), por sua vez, preceitua que "'tratado' significa um acordo internacional concluído por escrito entre Estados e regido pelo direito internacional [...] qualquer que seja a denominação específica" (art. 2°, I, a).

Em relação à nominata, o termo está para dicionário jurídico como o verbete "cachaça" para dicionário da língua portuguesa. As opções são numerosas, tendo-se contabilizado mais de 30 possibilidades (p. ex., acordo, ajuste, ata, ato, carta, código, compromisso, convenção, estatuto, memorando, pacto, protocolo, regulamento). Presentes os requisitos referidos, está-se diante de tratado, *qualquer que seja a denominação específica*. Proponho evitar o uso da expressão pleonástica "tratado internacional". Todo tratado é internacional.

A prática dá notícia de que o termo "convenção" designa atos de caráter multilateral; a palavra "acordo" é mais utilizada em ajustes bilaterais; "protocolo" é empregado para aqueles instrumentos que são subproduto de tratado em vigor (p. ex., Tratado de Assunção (1991) e Protocolo de Ouro Preto (1994)); "concordata" envolve a Santa Sé e cuida de disciplina eclesiástica; "tratado constitutivo" cria uma OI; "acordo de sede" é bilateral, contém uma OI e versa sobre a operação administrativa e técnica, bem como o regime jurídico dessas organizações no território do Estado negociador; "acordo executivo" são aqueles atos que, conforme o direito interno, não necessitam de apreciação parlamentar.

Enfim, não se impressione com o nome, os requisitos listados são roteiro seguro para evitar equívocos. Dentre eles, o mais comum é o relacionado com a produção de efeito jurídico. Nem sempre é fácil discernir essa consequência. Para isso, só lendo o documento em causa. Veja, por exemplo, a Carta do Atlântico (1941). Trata-se de ato escrito, concluído entre sujeitos (EUA (presidente Roosevelt) e Reino Unido (primeiro-ministro Churchill)), que, no entanto, não tem desdobramento jurídico. O texto descreve que as partes "desejam promover", "esperam que", "acreditam que" e por aí vai. Refere-se, assim, à declaração de princípios ou daquilo que se convencionou chamar de "acordo de cavalheiros" (*gentlemen's agreement*).

Da leitura de determinados atos internacionais fica explícito que eles não criam obrigações, direitos ou benefícios juridicamente vinculantes. O mesmo ocorre, por exemplo, com o chamado memorando de entendimento (MOU, na sigla em inglês), utilizado para definir linhas de ação ou compromissos de cooperação sem produzir obrigação legal. Caso acarrete obrigação vinculante (*legally binding*), essa denominação não se aplica.

O estudo do tratado comporta apreciação considerando o direito internacional (costumes, CVDT (1969) e CVDT-OI (1986)) e o direito interno (CF e legislação ordinária). Pela ótica do ordenamento doméstico, trata-se dos aspectos abordados (incorporação e hierarquia), bem como das competências adiante consideradas (Executivo (celebração e vinculação) e Legislativo (aprovação)). Em relação ao direito das gentes, recomendo a leitura da CVDT (1969). Sobre isso, lembro que, em geral, nenhum livro que fala de um tratado diz mais do que o tratado em questão.

Guardadas as devidas proporções, o texto convencional referido representa para o direito dos tratados o mesmo que a Lei Complementar n° 95, de 1998, que dispõe sobre a elaboração, a redação, a alteração e a consolidação das leis, significa para o processo legislativo brasileiro. Essa Convenção se ocupa de: introdução (expressões empregadas); conclusão e entrada em vigor; observância, aplicação e interpretação; emenda e modificação; nulidade, extinção e suspensão da execução; depositários, notificações, correções e registro; e contempla disposições finais. É o próprio índice de livro sobre a matéria.

Desse amplo roteiro, faço curta referência ao mecanismo de vinculação e aos órgãos internos competentes no Brasil. São três as etapas desse

Direito das Relações Internacionais

procedimento: (i) celebração (negociação e assinatura (Executivo)); (ii) apreciação interna (aprovação (Legislativo) e decisão final (Executivo)); e (iii) vinculação internacional (ratificação (Executivo)) e interna (promulgação por meio de decreto presidencial (Executivo)). O derradeiro item reflete a opção pelo dualismo vigente em nosso ordenamento.

As poucas regras disciplinadoras do itinerário descrito são encontradas na Constituição, nos usos e costumes e na jurisprudência do STF. Nesse sentido, recordo que cabe à União manter relações com Estados estrangeiros e participar de OIs (art. 21, I). O exercício dessa atribuição compete ao presidente da República (art. 84, VII), a quem cumpre celebrar, *privativamente* (delegável), tratados, sujeitos a referendo do Congresso Nacional (art. 84, VIII). A esse corresponde competência *exclusiva* (indelegável) para resolver sobre tratados que *acarretem encargos* (obrigações) *ou compromissos gravosos* (dinheiros) *ao patrimônio nacional* (art. 49, I).

Assim, é necessário o concurso de vontades dos dois poderes, que segue internamente o seguinte caminho procedimental de incorporação: apreciação congressional de que resulta, sendo o caso, *decreto legislativo de aprovação*; vinculação (carta de ratificação (plano externo)), bem como sanção, promulgação e publicação (*decreto presidencial de promulgação* (plano interno)). Esclareço que sanção é a concordância do presidente da República com o texto aprovado pelo Legislativo, promulgação é o ato de declarar o texto obrigatório e publicação é torná-lo conhecido de quem lhe deve obediência. Recomendo ao leitor, por fim, que aprofunde o estudo deste tópico (direito dos tratados), aqui descrito em linhas muito essenciais.

OUTRAS MANIFESTAÇÕES

Com essa denominação, examino aquelas fontes que se consagraram no dia a dia do relacionamento internacional (jurisprudência, doutrina, atos/decisões de OI), mas também as que seguem em desenvolvimento (*soft law*, *jus cogens*, obrigações *erga omnes*). Umas e outras são relevantes, de um

Fontes do direito internacional

lado, para o estudo do comportamento dos atores da sociedade internacional; de outro, para o exato enquadramento jurídico dessa conduta.

Começo pela *jurisprudência*, aquele conjunto de decisões jurisdicionais (judiciais (sentenças) e arbitrais (laudos)) que, resolvendo caso concreto, interpretam a lei, sanam obscuridades e preenchem lacunas. Esse trabalho é importante em vista das imperfeições humanas (legislador) e dos desafios cotidianos da vida em sociedade. Com isso, o magistrado pode oferecer contornos mais exatos, considerando a argumentação das partes, sobre a norma em discussão. Quando aplica um costume, por exemplo, o tribunal confirma sua existência e tende a lhe conceder maior nitidez.

Considere, por exemplo, a regra que proíbe entrada de cachorro no metrô. Ocorre que muitos cegos se valem da assistência de cão-guia. É possível, ainda, que alguém acompanhado de um urso necessite do transporte. As hipóteses são caricatas, mas demonstram os tantos desafios que o intérprete da lei enfrenta. Dessa forma, como a jurisprudência é a prudência aplicada ao direito, é preciso cautela e discernimento na procura do "bom" direito. Deve-se, pois, buscar o justo por concretizar (autorizar o cão-guia) e o injusto por evitar (proibir o urso).

No Estatuto da Corte, as decisões judiciais são meio auxiliar para a determinação das regras de direito (art. 38, 1, d). O art. 59, por sua vez, estabelece que a decisão só será obrigatória para as partes litigantes e a respeito do caso em questão. Com isso, elas não podem fixar regras de caráter geral. Logo, inexiste a figura do *stare decisis* ("respeitar as coisas decididas") do sistema anglo-americano, que vincula futuras decisões.

De toda maneira, os juízes valorizam o trabalho dos predecessores e tendem a citar julgamentos pretéritos. A continuidade de decisões, além de conferir respeitabilidade ao ofício dos magistrados, contribui para a segurança dos atos jurídicos e do convívio social. As cortes almejam, assim, assegurar harmonia, continuidade e segurança em suas deliberações. Ademais, resulta lógico que os juízes decidam litígios análogos seguindo as mesmas regras e orientações jurídicas.

Enfatizo que o julgador não está investido da competência para criar direito. Seu papel é resolver o caso concreto mediante a identificação das normas aplicáveis e a determinação do seu conteúdo. A Corte confirma o direito existente; ela não legisla. Outro aspecto importante a reter é que interessa ao direito das gentes sobretudo a jurisprudência dos tribunais internacionais.

A jurisprudência tem papel significativo no desenvolvimento do direito das relações internacionais. Estimo que o leitor mais atento tenha percebido que aponto, menos do que gostaria e mais do que poderia, precedentes especialmente da CIJ. A jurisprudência ajuda na compreensão mais precisa desse ramo do direito ainda em expansão. Mesmo quando desagradam, as decisões jurisdicionais fazem refletir e estimulam a busca por novas abordagens visando a contornar eventuais argumentos com os quais se está em desacordo.

Sobre a *doutrina*, começo com um truísmo: o doutrinador não é legislador, tampouco juiz. Ele, no entanto, assiste um e outro quando da elaboração e aplicação do direito. Seu trabalho faz com que o direito positivo se torne mais preciso, guia seu desenvolvimento e indica suas deficiências. Nesse sentido, oferece novas perspectivas para o legislador futuro.

Ao emitir suas "opiniões" sobre o direito positivado (*de lege lata*), o estudioso favorece o desenrolar da experiência jurídica, fornecendo prova do conteúdo do direito e influindo no seu desenvolvimento (*de lege ferenda*). Ocorre que esse trabalho nem sempre é bem recebido. Consta que Napoleão, pai do Código Civil francês (1804), tinha verdadeira antipatia pelos "comentadores" e, ao saber do surgimento do primeiro comentário doutrinal, protestou: "Vão estragar meu Código!".

Para o direito das gentes, a doutrina é tida como meio auxiliar para a delimitação das regras de direito (art. 38, 1, d). O dispositivo refere-se aos indivíduos ("juristas mais qualificados"), mas deve-se ter em mente, também, o aporte de algumas instituições, que gozam de prestígio na esfera jurídica internacional (p. ex., Instituto de Direito Internacional, Associação de Direito Internacional, Sociedade Brasileira de Direito Internacional), bem como a colaboração de certas organizações não governamentais (ONGs).

Definir os exatos limites do pensamento acadêmico puro daquele oferecido em contexto diplomático, normativo ou contencioso não é tarefa simples. Não raras vezes são percebidas contradições entre o que está dito nos manuais e o que é defendido na prática. A esse respeito, entendo que o acadêmico deve manter independência intelectual quer em relação ao poder político, quer em relação ao poder econômico. A doutrina deve ser espontânea. Formular soluções jurídicas ditadas pela clientela (tarefa do advogado) é, a meu sentir, caminho desaconselhado para o doutrinador.

Na dimensão internacional, a doutrina pode influenciar o comportamento dos Estados e contribuir para modificação do direito existente. Para tanto, deve haver a convergência do prestígio intelectual do doutrinador e, em particular, da sua capacidade de persuasão. Além disso, o teórico deve conservar e cultivar a compreensão da prática, e o prático, a compreensão da teoria. É importante perceber, com Paulo Freire (*Pedagogia da autonomia*), que teoria sem prática é "verbalismo" e prática sem teoria é "ativismo".

Por fim, observo que, também no plano internacional, a doutrina pode incomodar. Dean Acheson (*The arrogance of international lawyers*), secretário de Estado de Harry Truman, acrescentou a seguinte passagem em suas orações diárias: "Bom Deus, livrai-nos da Carta das Nações Unidas tal como 'deturpada' pelos professores de Direito Internacional" ("*From the United Nations Charter as distorted by professors of international law, Good Lord, deliver us*" – tradução livre).

Para as *decisões de OI*, lembro que esta coleção tem volume dedicado às organizações. Hoje suas decisões são tão abundantes quanto seu número. Essas entidades têm crescente papel nos mais diversos domínios das relações internacionais. Assim, parece lógico considerar que o fenômeno organizacional desenvolveu pertinente marco jurídico (direito das organizações internacionais) direcionado ao exercício de suas finalidades.

O estatuto legal dessas entidades engloba temas que dizem respeito à sua existência e personalidade jurídica; aos seus membros; à sua capacidade e competências; ao seu desenho institucional; aos poderes de seus órgãos; à responsabilidade; e ao valor jurídico de seus atos. Esses assuntos são disciplinados no tratado criador da organização em causa, que forma seu direito primário (originário, fundamental (p. ex., Constituição da Organização Internacional do Trabalho (OIT)).

Direito das Relações Internacionais

A ordem jurídica das OIs contempla, ainda, um direito secundário (derivado), que se manifesta nas disposições dos atos e decisões unilaterais adotados pelos respectivos órgãos competentes. Eles derivam dos procedimentos instituídos no tratado fundador e são dirigidos à própria organização e a seus membros. Trata-se, nesse sentido, de direito internacional particular da organização, que resulta do seu próprio querer, visto que ela tem personalidade jurídica própria inconfundível com as vontades de seus membros. Quase sempre, esses atos buscam atingir os objetivos fixados pela organização, assegurar a continuidade do funcionamento da entidade e permitir sua adaptação às distintas situações internacionais.

Inexiste terminologia única para qualificar as decisões das OIs. É o ordenamento jurídico da entidade (tratado, instrumentos internos (estatuto, regimento), bem como seu respectivo desenvolvimento na prática) que dará os exatos contornos e possibilitará identificar seus efeitos jurídicos. Pode-se intuir, todavia, a crescente complexidade e extraordinária expansão dessas fontes do direito internacional. Elas se apresentam sob distintas modalidades e com variados efeitos jurídicos.

Há expressiva diversidade terminológica (resoluções, recomendações, decisões, pareceres, carta, programa, regulamento, diretiva, programa de ação, parecer consultivo, sentenças, códigos de conduta) sem o necessário aclaramento da sua natureza. As decisões em comento oferecem, ainda, diferentes possibilidades: políticas/jurisdicionais; normativas/não normativas; aplicação imediata/aplicação mediata; eficácia externa/eficácia interna; recomendatórias/vinculatórias.

Tão certo quanto isso é que, de um lado, não há padrão para todos os enquadramentos; de outro, a maioria dos atos provenientes das OIs não são fontes do direito. Para tanto, o ato em questão tem de ser legalmente vinculativo (*legally binding*), estipular uma obrigação de fazer ou de não fazer. Deve-se, pois, ter em conta o caso concreto. A diversidade de textos e usos, bem como possível ambiguidade conceitual tendem a ser resolvidas pela leitura dos instrumentos constitutivos e pelo exame da prática institucional.

Dessa maneira, é possível conceber a seguinte tipologia: (i) atos de natureza legislativa ou regulamentar (p. ex., regulamentos aéreos (Organização

82

a Aviação Civil Internacional (Oaci), meteorológicos (OMM), sanitários (OMS)); (ii) atos de natureza administrativa (p. ex., quadro pessoal, orçamento); (iii) atos afetos às relações com Estados-membros (p. ex., admissão, suspensão e expulsão); e (iv) atos de caráter consultivo ou jurisdicional (p. ex., CIJ, Tribunal Administrativo da ONU). Como ilustração de "atos de natureza legislativa" com estatura de fonte do direito apresento a seguir dois exemplos atinentes às Nações Unidas.

De início, as recomendações (nome técnico apropriado (p. ex., art. 10 da Carta)) da AGNU. Elas não têm, em princípio, a faculdade de produzir norma vinculante e são usualmente adotadas por consenso (*no formal objection*). Com frequência, emprega-se linguajar recomendatório (p. ex., "Os Estados adotarão medidas eficazes [...] para [...]", "Os Estados deverão [...]"). Parcela da doutrina, porém, considera que algumas resoluções (nome consagrado pelo uso) têm adquirido evidência de costume e exemplifica com aquelas que: foram aprovadas por maioria qualificada; interpretam dispositivos da Carta; e codificam norma consuetudinária. Essas representam importante ponto de partida para o estabelecimento de norma costumeira.

Veja, desse modo, manifestação da CIJ no sentido de que essas resoluções, mesmo não sendo mandatórias, podem ter valor normativo e, com isso, produzir efeito jurídico gerador de obrigações internacionais para os que se vincularam. A Corte esclarece que é necessário considerar seu conteúdo e as condições de sua adoção (Parecer Consultivo sobre a Licitude da Ameaça ou Uso de Armas Nucleares (1996)).

Sobre as resoluções do CSNU, observo, antes, que pela primeira vez na história um órgão político universal tem o direito de impor os seus pontos de vista a Estados soberanos no domínio das relações internacionais. Com efeito, os membros das Nações Unidas concordaram em aceitar e executar as decisões do Conselho (art. 25 da Carta). No âmbito dessas, destacam-se as de natureza obrigatória (p. ex., art. 39 da Carta) de cumprimento necessário pelos membros da entidade. Para caracterizar seu caráter imperativo, é necessário analisar seu teor, dado que nem todas são mandatórias.

Direito das Relações Internacionais

Em resumo, determinadas resoluções da AGNU podem conjugar a prática dos Estados apoiadores e o embrião do sentimento de uma obrigação (*opinio juris*). Elas prefiguram o direito futuro. Dão, assim, origem a um costume internacional. No tocante às resoluções do CSNU, devem-se considerar conteúdo e condições de sua adoção para etiquetá-la de obrigatória. Sobre outras organizações, é ler o que seu ordenamento prescreve para saber quais atos produzem ou podem produzir fonte do direito invocável no plano internacional.

Faço breve nota relacionada ao nosso ordenamento jurídico. As chamadas resoluções mandatórias do CSNU têm sido incorporadas pelo presidente da República firme em que o Congresso, ao aprovar a Carta da Organização (Decreto-lei n° 7.935, de 1945), concordou com esse modo de proceder. Para as demais resoluções da ONU, vigora o entendimento de que, não sendo compulsória (*not legally binding*), não acarretam "encargos ou compromissos gravosos ao patrimônio nacional" (art. 49, I, da CF). Com isso, não necessitam da apreciação do Parlamento.

Quanto aos *atos unilaterais*, são declarações, públicas e inequívocas feitas por Estados, por meio de autoridades competentes (chefe de Estado, chefe de governo, ministro das relações exteriores), com o fito de criar obrigações jurídicas para si mesmo. Não se deve confundir os atos aqui considerados com aqueles meramente políticos.

Os elementos do ato unilateral são: intenção de se vincular (*acta sunt servanda*); adoção pública do ato; imputação ao Estado por meio de autoridade capacitada para fazê-lo. A par disso, os efeitos vinculantes não estão condicionados à participação ou aceitação do(s) Estado(s) beneficiário(s).

Os fundamentos do ato, que pode ser oral ou escrito, são boa-fé, lealdade recíproca e confiança nas relações internacionais. Ademais, é importante ter em conta o conteúdo (texto), as circunstâncias factuais (contexto) e as reações geradas. O Estado autor tem grande discricionariedade na produção, mas não na eventual revogação. Essa não pode ser arbitrária.

São exemplos de atos unilaterais: a Declaração Ihlen sobre a Groelândia (1919), manifestação oral do chanceler norueguês de apoio à proclamação de soberania da Dinamarca sobre a ilha; a Declaração do

Egito relativa ao Canal de Suez (1957), emitida pelo presidente Nasser após a nacionalização do canal, que assegurou a livre navegação da hidrovia; e a Declaração do presidente da França sobre a cessação de testes nucleares de superfície (1974).

Dos casos referidos, dois foram objeto de apreciação judicial. O Caso Groelândia Oriental (Noruega *vs.* Dinamarca (1933)), em que a então CPJI concluiu que a promessa norueguesa era incondicional e definitiva; e o Caso dos Testes Nucleares (Nova Zelândia *vs.* França (1974)), quando a CIJ teve a oportunidade de corroborar o entendimento de que declarações feitas sob a forma de ato unilateral, relacionadas a situações de direito ou de fato, podem ter o efeito de criar obrigações jurídicas. A Corte especificou, ainda, que o caráter obrigatório do compromisso resulta de seus termos e é baseado no princípio da boa-fé.

Como os atos unilaterais criam obrigações juridicamente exigíveis do seu autor, seus exatos contornos precisam ser bem definidos. Isso é importante para proporcionar certeza, estabilidade e previsibilidade nas relações internacionais. Nesse sentido, a CDI preparou, a pedido da AGNU, "princípios orientadores" sobre a matéria (*Guiding Principles applicable to unilateral declarations of States capable of creating legal obligations* (2006)). O tema segue evoluindo.

Em relação ao *soft law*, advirto, desde logo, que inexiste tradução idônea para a expressão ("direito suave", "direito carente de cogência", "direito flexível", "direito 'sem dentes'"), tampouco definição unívoca. Certo é que ele se contrapõe à noção de *hard law* (direito obrigatório, cogente). É aceitar a denominação considerando que suas prescrições não têm força vinculante.

Tal carência, no entanto, não implica falta de consequência jurídica. Essa se manifesta na expectativa de conduta que as normas de *soft law* encerram. Trata-se de instrumento internacional que se diferencia do tratado pela ausência de produção de efeito jurídico. Em geral, um instrumento de *soft law* contém princípios, normas e padrões de comportamento tendentes a orientar a conduta daqueles a ela relacionados.

Trata-se de vertente nova e, até certo ponto, controversa do direito das gentes. Esse domínio se ocupa de tendências mais atuais da ciência do direito que dizem respeito à sociedade internacional. O *soft law* cuida de temas sobre os quais os sujeitos de direito internacional, por motivos políticos ou econômicos, não chegaram a entendimento mediano para se alcançarem compromissos legalmente impositivos. Em resumo, há pouca prática e escasso sentimento de obrigatoriedade para se cristalizar costume; tampouco existe consenso mínimo para se celebrar tratado.

No mais das vezes, a expressão está associada com a promoção dos direitos humanos e a proteção do meio ambiente. Disso, a Agenda 21, um dos principais resultados da Conferência das Nações Unidas sobre Meio Ambiente e Desenvolvimento (Rio-92 (1992)), é bom exemplo. Esse documento busca comprometer a sociedade internacional em seu conjunto na procura por soluções para os problemas socioambientais do planeta. Apesar de não conter norma vinculante, a Agenda estabeleceu expectativa de conduta por parte dos diferentes atores da cena internacional.

A *norma imperativa* (*jus cogens* – cogente, peremptória) veio ao mundo pela CVDT (1969). Sua certidão de nascimento é o art. 53 do texto convencional, que está assim concebido: "[...] Para fins da presente Convenção, uma norma imperativa de direito internacional geral é uma norma aceita e reconhecida pela comunidade internacional de Estados como um todo, como norma da qual nenhuma derrogação é permitida e que só pode ser modificada por norma ulterior de direito internacional geral da mesma natureza".

Por oposição às normas dispositivas, susceptíveis de derrogação por deliberação das partes, o conceito introduz limite à autonomia da vontade no domínio das relações internacionais. Ele avança, assim, na "zona de conforto" dos Estados. Veja que o chefe da delegação francesa sequer assinou o texto da citada Convenção ao término das negociações. Principal motivo: art. 53. Era muita novidade para pouca disposição ao "desenvolvimento progressivo" do direito das gentes. Noto que a maior parte do texto convencional tem origem costumeira.

Plena de generoso idealismo, a proposta deu nova feição a certos postulados do direito das relações internacionais. Sua existência, contudo, não é de fácil explicação. Falta critério preestabelecido para determinar que uma regra geral do direito das gentes tem natureza peremptória. Assim, há quem diga que só mediante intervenção de Hamurabi ou adoção de uma "Constituição Global" esse posicionamento será passível de plena realização (Philip Allott, *Reconstituting humanity*).

O conceito começa a desfrutar do apoio da prática internacional e da jurisprudência. A qualificação não equivale a obrigatório, característica que é intrínseca a toda norma. A "imperatividade" vincula-se à sua estatura hierárquica superior. Logo, observa-se prevalência em caso de conflito e inderrogabilidade, salvo por norma imperativa superveniente (*jus cogens superveniens*).

Nesse sentido, ela estabelece uma hierarquia entre os valores fundamentais e os interesses não essenciais da sociedade internacional. As normas imperativas apontam (futuro) para o desenvolvimento do direito das gentes e ostentam (presente) importante papel dissuasório (p. ex., Tribunal Penal Internacional para a ex-Iugoslávia, Caso Furundzija (1998)).

O direito dos tratados fixou o entendimento de que algumas normas jurídicas não são suscetíveis de derrogação pela via convencional. Ele abriu a possibilidade para novas elaborações, que estão associadas sobretudo à proteção dos direitos humanos. A norma peremptória tende a limitar a liberdade de ação nas relações interestatais e, desse jeito, assemelham-se às normas de ordem pública do direito interno que são inafastáveis pela vontade das partes.

Trabalho de mineração das possibilidades irá apurar normas de conduta que proíbem agressão, uso ilegítimo da força, discriminação racial, escravidão, genocídio, tortura (p. ex., Corte Europeia de Direitos Humanos, Caso Soering (1989)). Esse núcleo imperativo básico engloba hipóteses de ameaça à sobrevivência do Estado, à sua população e aos valores humanos mais elementares. Ele integra o centro dos princípios essenciais da ordem internacional do momento presente. Há consenso no conjunto referido. Dessa maneira, qualquer fonte do direito internacional que estiver em desconformidade com as proibições elencadas é nula e deve ser extinta.

Tão certo quanto o que foi dito é perceber que o conceito ainda é fluido, para usar metáfora de Zygmunt Bauman (*Tempos líquidos*), na prática estatal. Nota-se, com isso, certo descompasso entre o entusiasmo de parte expressiva da doutrina com o assunto e o que se verifica na realidade. Nesse sentido, sou, tal como Antonio Gramsci (*Cadernos do cárcere*), pessimista no conhecimento, mas otimista na esperança. De todo modo, o assunto começa a sair da esfera acadêmica pura e a ingressar na retórica comum dos especialistas em direito internacional. A multiplicidade de abordagens daí advindas, todavia, pode pôr em causa noção tão relevante para o direito das relações internacionais.

Pior do que sua lenta consolidação e alguns retrocessos (p. ex., CIJ, Caso Imunidade de Jurisdição, Alemanha *vs.* Itália (2012)), seria seu desmerecimento por desuso ou ironia. A norma cogente já foi comparada ao Super-Homem ("*It's a Bird, it's a plane, it's 'jus cogens*" (Anthony D'Amato)). Tal como na fábula de Esopo, recontada por La Fontaine ("A lebre e a tartaruga"), acredito que em relação ao tema deve-se aplicar a máxima "devagar, mas seguro" (*lentement, mais sûrement*).

A respeito das *obrigações erga omnes*, recordo que a expressão em latim é usada no meio jurídico para indicar que os efeitos de algum ato ou de lei valem "para todos". Lembro, dessa maneira, que toda lei tem efeito *erga omnes*. Já as decisões judiciais vinculam apenas as partes. Algumas decisões definitivas de mérito, no entanto, também produzem eficácia relativamente a todos (p. ex., ADI no STF (art. 102, § 2º, da CF)).

Na dimensão internacional, essa compreensão é distinta. Nesse plano, a expressão se refere a obrigações que miram bens jurídicos cuja proteção é de interesse e de responsabilidade de todos os Estados. Assim, respeitar o direito à autodeterminação dos povos (art. 1, 2 da Carta da ONU), por exemplo, é uma obrigação *erga omnes* (v. CIJ, Parecer Consultivo Consequências Legais da Separação do Arquipélago Chagos de Maurício (2019)).

A concepção de que determinadas obrigações protegem o interesse comum da sociedade internacional e são, por isso, oponíveis a todos os Estados vem sendo aperfeiçoada pela doutrina e jurisprudência. A tarefa impõe dificuldades que principiam com o necessário afastamento da célebre concepção bilateral da responsabilidade do Estado. Com isso, mesmo aquele que não sofre prejuízo (terceiro) pode acionar o Estado transgressor, pois a observância dessa obrigação é devida ao conjunto dos Estados.

Essa obrigatoriedade, entretanto, não se traduz em superioridade hierárquica, como no *jus cogens*. Os termos são, por vezes, empregados como sinônimos e a confusão se deve ao fato de que toda norma cogente enseja obrigação devida à sociedade internacional em seu conjunto. Em síntese, todo *jus cogens* é *erga omnes*. O contrário não ocorre necessariamente. Some-se a isso, a circunstância de que os exemplos, a maioria no campo dos direitos humanos, sobrepõem-se.

No âmbito dos direitos humanos, essas obrigações são essenciais na medida em que os tratados da matéria não contemplam obrigações recíprocas entre as partes. Esses atos estão direcionados à relação do Estado com sua população. Os destinatários da proteção são pessoas humanas e sua implementação se dá na esfera doméstica. Eventual inadimplemento não atinge, de modo necessário, outro Estado parte. As vítimas não têm, em regra, legitimidade para acionar internacionalmente os Estados pela possível violação do seu direito. Nesse contexto, o conceito em comento abre a perspectiva de determinado Estado demandar o infrator perante tribunal internacional.

O quadro descrito assemelha-se, no direito interno, à possibilidade que todo cidadão tem de propor ação que vise a anular ato lesivo ao patrimônio público, à moralidade administrativa, ao meio ambiente e ao patrimônio histórico e cultural (art. 5°, LXXIII, da CF). A esse instrumento de defesa da coletividade dá-se o nome de ação popular (*actio popularis*). Tendo em atenção o que foi dito até aqui, a obrigação *erga omnes* favorece a hipótese de desenvolvimento de algo análogo no direito das gentes, dado que a obrigação é da sociedade internacional como um todo.

Na área internacional, a CIJ foi responsável pelos primeiros contornos dessa formulação. O Caso *Barcelona Traction* (Bélgica *vs.* Espanha (1970)) contém o famoso *obter dictum* (argumento "acessório" cuja eventual supressão não afeta a razão de decidir (*ratio decidendi*)): "Tendo em vista a importância dos direitos em causa, todos os Estados podem ser considerados como tendo um interesse jurídico em que esses direitos sejam protegidos".

O principal órgão judiciário das Nações Unidas tem agora nova oportunidade de aprimorar a noção de obrigação *erga omnes*. Cuida-se do recentíssimo caso que envolve Gâmbia e Myanmar (2020). A situação diante da Corte se ocupa do tratamento cruel e desumano dado à minoria rohingya no Myanmar. Esse contingente humano localizado em solo myanmense não tem direito à nacionalidade birmanesa; o governo desse país os considera imigrantes de Bangladesh. São, portanto, apátridas. O sofrido povo rohingya tem sido objeto de violenta perseguição e massacre pelo governo local, comprovados por missão independente instituída para esse fim pelo Conselho de Direitos Humanos das Nações Unidas.

Diante desse quadro e mesmo não tendo sido diretamente prejudicada por Myanmar, Gâmbia entrou com a ação na Corte alegando afronta à Convenção para a Prevenção e Repressão do Crime de Genocídio (1948). Como o texto convencional consagra valores compartilhados pelos Estados, há correspondente compromisso internacional para sua proteção. Assim, violações à Convenção de Genocídio são uma afronta à "comunidade internacional". Ao tratar de determinadas obrigações convencionais como sendo *erga omnes*, a Corte reconheceu a legitimidade de um Estado para demandar outro. E isso é novo nesse contexto.

O caso está em apreciação e, se minha intuição me diz algo, ela me diz que a CIJ tem a possibilidade de realizar julgamento histórico. A Corte pode consolidar o entendimento que se tem dessas obrigações e abrir caminho para que ele venha a ocorrer também na esfera jurisdicional com as normas imperativas.

Essas noções juntas têm a possibilidade de transformar o direito das relações internacionais. Aí coloco minhas esperanças. Porém, não deslembro a discrepância ainda hoje verificável entre os atores da cena internacional, entre o direito entendido e o praticado pelos sujeitos mais influentes ("*Big five*" africanos (leão, elefante, búfalo, leopardo, rinoceronte) – qualquer semelhança com os membros permanentes do CSNU não é mera coincidência).

Sujeitos do direito internacional

Nos livros dedicados ao direito internacional, este tópico é apresentado sob a denominação "sujeitos" de direito internacional, mas há variantes terminológicas (atores, entes, destinatários, participantes). Experimento certa dificuldade com o termo "sujeito" porque, de um lado, ele pode ter conotação pejorativa em nosso idioma: "indivíduo imprestável", como assinala Antônio Houaiss em seu dicionário; de outro, pode ensejar ambiguidade com a noção de direito subjetivo. Entretanto, não me afastei da orientação consagrada, mesmo porque as alternativas também se mostram inadequadas.

Segundo o dicionarista Aurélio Buarque, a palavra "sujeito" deriva de *subjectu* (do latim, "posto debaixo", submetido). Dessa forma, ela se refere, no plano do Direito, à submissão (sujeição) de alguém a determinada ordem jurídica, que lhe confere direitos e impõe deveres. Essa conjuntura subentende, ou pelo menos deveria, a responsabilidade por eventual conduta contrária àquela prescrita pelo respectivo sistema normativo.

Dessa maneira, toda ordem jurídica indica os titulares de direitos e deveres (personalidade jurídica) e estabelece o reconhecimento da possibilidade de os titulados poderem atuar em nome próprio na defesa de seus direitos (capacidade jurídica). Todo aquele a que determinado ordenamento concede a condição de sujeito tem – observadas eventuais limitações impostas pelo próprio sistema – essa capacidade. Considere, por exemplo, criança órfã no Brasil. Ela tem personalidade jurídica, mas não tem capacidade de fato. Essa deve ser exercida até a cessação da menoridade por um tutor nomeado pelos pais ou juiz.

Na esfera interna, o direito contém normas que apontam quem são seus destinatários. A ordem jurídica brasileira, por exemplo, compreende duas espécies de sujeitos: pessoas físicas (ou naturais) e jurídicas. Essas, por sua vez, podem ser de direito público interno (União, Estados federados, Distrito Federal, municípios, autarquias (art. 41 do CC)), de direito público externo (Estados soberanos e "todas as pessoas que forem regidas pelo direito internacional público" (art. 42 do CC)) e de direito privado (associações, sociedades, fundações, organizações religiosas, partidos políticos, empresas individuais de responsabilidade limitada (art. 44 do CC)).

No domínio do direito das relações internacionais, porém, não há norma escrita, com alcance amplo, que estabeleça o regime da sua subjetividade. O que se tem é que essa condição era, até o começo do século XX, monopólio estatal. Nesse sentido, a CPJI chegou a definir a matéria como sendo o ordenamento jurídico que "rege as relações entre Estados independentes" (Caso Lotus, França *vs.* Turquia (1927)). A evolução da convivência externa dos sujeitos pioneiros, entretanto, possibilitou o reconhecimento de outros entes como titulares de direitos e deveres na esfera internacional.

Assim, a qualidade de sujeito é hoje atribuída, por igual, às OIs, às pessoas humanas e a determinados participantes (p. ex., Santa Sé, Ordem de Malta e Comitê Internacional da Cruz Vermelha (CICV)). Essa atribuição, contudo, não é uniforme no que tange à capacidade para reclamar, a título próprio, seu direito. A principal distinção entre os sujeitos do direito das gentes está, pois, na maior ou menor faculdade para fazê-lo.

Essa desigualdade foi confirmada pela CIJ em parecer consultivo (Reparação de Danos Sofridos a Serviço das Nações Unidas (1949)), de que transcrevo a seguinte passagem: "Os sujeitos de direito, em qualquer sistema jurídico, não são necessariamente idênticos quanto à natureza e extensão dos seus direitos; e sua natureza depende das necessidades da comunidade". Há, assim, um descompasso quanto à aptidão para o gozo e o exercício de direitos sobretudo no que concerne os sujeitos não estatais.

Compreende-se, a partir do referido parecer, o porquê da distinção entre sujeitos do direito das gentes, como será adiante demonstrado. Em princípio, todos os que foram referidos têm personalidade, a nota destoante está na maior ou menor capacidade para exercê-la. Nessa ordem de ideias, a capacidade de alguém para reclamar em nome próprio seu direito vai além do fato de ser mero beneficiário de um direito. Do que foi dito até aqui e tendo em mente o direito internacional, é possível retirar três conclusões: (i) o monopólio da condição de sujeito não mais existe; (ii) a noção de sujeito é evolutiva; e (iii) a natureza dos sujeitos é desigual.

Para além disso, ressalto que determinados atores mesmo não gozando de subjetividade no plano externo desempenham importante papel no contexto das relações internacionais. Considere, por exemplo, as ONGs e as empresas transnacionais. Em ambos os casos, a ordem jurídica internacional não regula diretamente os respectivos comportamentos.

Dadas as circunstâncias, passo a examinar a situação de cada um dos sujeitos referidos, bem como de determinados atores que, apesar de não usufruírem da condição de sujeito de direito, têm contribuição destacada no âmbito da sociedade internacional. Dessa forma, merecem atenção dos profissionais das relações internacionais.

Direito das Relações Internacionais

ESTADO

Trata-se, como referido, do sujeito pioneiro e plenipotenciário do direito das gentes. "O mais frio dos monstros", segundo Nietzsche (*Assim falou Zaratustra*), ocupa todas as porções de terra do globo. Com exceção da Antártica, que tem estatuto especial (Tratado da Antártica (Washington, 1959)), o planeta está coberto por Estados. Mas o que são eles?

Para responder, não farei síntese elaborada quer do termo quer da sua genealogia. Tendo em vista os objetivos deste livro, penso suficiente lembrar brevemente que, na origem, a palavra designava uma forma de ordenamento político que surgiu na Europa no século XIII. O termo se notabilizou com a obra *O príncipe* (1513), de Maquiavel. Aos poucos o vocábulo vai substituindo outras designações dadas à organização de um grupo de pessoas sobre um território em conformidade com um poder de comando (p. ex., *civitas, polis, res publica, regnum, città*).

Sua evolução passa de significado genérico de situação (associações pessoais) para específico de condição (Estado territorial soberano). Nesse sentido, os anos acrescentaram ao substantivo o adjetivo "moderno" para renovar o conceito mediante inclusão de dois novos elementos: a presença de aparato administrativo (burocracia) visando a fornecer serviços públicos e o monopólio do uso legítimo da violência física (Max Weber, *A política como vocação*). Nos dias de agora, a noção se expande e passa a oscilar entre os direitos fundamentais (liberdade) e os direitos sociais (participação).

É importante referir, ainda, aos tratados de Münster e Osnabrück, que põem fim à Guerra dos Trinta Anos e conformam a chamada Paz de Westfália (1648) entre católicos e protestantes. A ordem surgida desde então tornou o sistema de Estados o centro de gravidade das relações internacionais e fixou os seguintes princípios: respeito aos limites territoriais; jurisdição territorial exclusiva; igualdade soberana; e não intervenção nos assuntos internos. Estabeleceram-se, ainda, os seguintes postulados: o *pacta sunt servanda*; os conflitos devem ser resolvidos de modo pacífico; o Estado vítima de agressão pode recorrer à guerra (*jus ad bellum*); a guerra iniciada sem justa causa é contrária ao direito. Recordar esse contexto é válido, entre outras coisas, para situar a própria origem do direito internacional.

Do exposto, vê-se que a noção de Estado pode ser contemplada não apenas como evento histórico, político e social de regulamentação de comportamentos, mas também como fenômeno de direito. Assim compreendido, ele é ao mesmo tempo autor (criação de direito) e sujeito (submissão ao direito). Ademais, somente ele pode licitamente punir e privar a pessoa humana da sua liberdade; editar, revogar e alterar leis; usar a força para aplicar o direito em seu território; dispor de forças armadas. Dessa forma, a ciência do direito o reputa instituição maior. Para o direito das gentes, ele era considerado até recentemente o único sujeito de direito.

Apesar desse protagonismo, inexiste documento legal definindo o que se entende por Estado. Certas, todavia, são as condições indispensáveis à sua configuração. Nessa ordem de ideias, a Convenção sobre Direitos e Deveres dos Estados (1933) estipulou os seguintes requisitos necessários à concepção do Estado como sujeito de direito internacional: (i) povoação permanente; (ii) território determinado; (iii) governo; e (iv) capacidade para entrar em relações com os demais Estados (art. 1º). Veja que não se trata de definição. Trata-se de rol de condições. Apesar do seu caráter regional, celebrada no âmbito da Sétima Conferência Internacional Americana, a chamada Convenção de Montevidéu codifica entendimento costumeiro e, nesse sentido, é universalmente invocada. Dito isso, convém dar uma palavra sobre cada uma das mencionadas condições.

De início, a *população*, que é representada pelo conjunto das pessoas (nacionais e não nacionais) instaladas em determinado território. Esse agregado constitui o fator humano da coletividade estatal. Sua dimensão (1.4 bilhão (China) e 12 mil (Tuvalu)) e sua homogeneidade étnica não representam elemento discriminante da igualdade entre os Estados. Claro que a uniformidade acarreta, por vezes, a qualificação de nação e é nesse sentido que se fala em Estado nacional por oposição ao Estado multinacional (p. ex., Federação da Rússia).

Algumas situações, no entanto, são especialmente complexas e apresentam desafios para as relações internacionais (populações nômades (p. ex., tuaregues na região saariana do norte da África); povos presentes no território de Estados limítrofes (p. ex., curdos na Armênia, Irá, Iraque, Síria e Turquia); populações heterogêneas em um mesmo Estado (p. ex., albaneses, bosníacos, croatas, eslovenos, húngaros, kosovares, macedônios, montenegrinos e sérvios na ex-Iugoslávia).

Na sequência, temos o espaço no qual a população irá se situar. É o *território* que compreende o solo (inclusive espaços hídricos – rios, lagos, lagoas, aquíferos), o subsolo, o espaço aéreo sobrejacente e, sendo o caso, parte do mar ao longo da costa (mar territorial), bem como a plataforma continental (prolongamento do continente mar adentro).

No tocante ao mar, registro que a maior parte dos Estados tem frente marítima. Há, porém, países interiores (*land-locked states*), que são privados desse acesso (hoje, 37 – p. ex., Bolívia, Hungria, Mongólia e Ruanda). Tendo em vista que o alto-mar integra o domínio público internacional (princípio da liberdade do alto-mar, previsto no art. 87 da Convenção das Nações Unidas sobre o Direito do Mar (Montego Bay, 1982)), esses Estados têm direito de acesso a ele e a partir dele, o que é assegurado por meio de tratados bi e multilaterais com o respectivo "Estado de trânsito" (p. ex., Brasil e Paraguai).

Há de se cogitar, ainda, na possibilidade de "território ficto". Considere, nesse sentido, tentativa de homicídio praticada a bordo de avião comercial sobrevoando alto-mar. Para a hipótese, a Convenção Relativa a Infrações e a Certos Outros Atos Praticados a Bordo de Aeronaves (1963) indica que o Estado de matrícula da aeronave será competente para exercer a jurisdição (art. III).

É válido aqui recordar que tanto os limites em terra de um Estado quanto o acesso marítimo não decorrem de capricho da natureza. O traçado das linhas territoriais (fronteiras) é produto da história. Seus modos de aquisição podem ser assim resumidos: descoberta (terra sem dono (*terra nullius*) e terra abandonada (*terra derelicta*)); conquista pela força (não mais admitida (Doutrina Stimson)); e venda (Alasca (1867)).

Some-se a isso a necessidade de ocupação efetiva (v. laudo arbitral no Caso Ilha de Palmas, EUA *vs.* Países Baixos (1928)).

As maneiras de surgimento do Estado podem se dar pelo processo de descolonização (p. ex., países lusófonos africanos), pela separação (p. ex., extinta Tchecoslováquia (República Tcheca e Eslováquia)), pelo desmembramento (p. ex., URSS (Comunidade dos Estados Independentes e, na sequência, 15 novos Estados)); pela fusão (p. ex., extinta República Árabe Unida, 1958/61 (Egito e Síria)); e pela reunificação (p. ex., Alemanha, 1990 (República Democrática Alemã e República Federal da Alemanha)).

Ainda sobre fronteiras, lembro que o direito internacional surgiu, entre outras coisas, com o objetivo de delimitá-las; hoje, ele cuida, até certo ponto, de eliminá-las (v. "Espaço Schengen" no âmbito do direito da UE). Isso não significa dizer que elas são desimportantes. Basta lembrar que são mais numerosas no momento do que no passado. A maioria dos grandes equilíbrios internacionais ainda repousa na lógica territorial. Recorde-se que território representa, em última análise, poder (espaço vital e riquezas naturais). E de poder ninguém abre mão. É de se ver que a maioria dos casos submetidos à CIJ diz respeito a questões territoriais. Enfim, é nessa porção do globo que o Estado exerce sua soberania e detém jurisdição geral (administrativa, civil, penal, tributária) e exclusiva.

Outro aspecto relevante é o que se vincula ao tamanho dos países. O assunto é, em geral, irrelevante para o direito das gentes. À vista do princípio "um Estado, uma voz (voto)", tanto a Rússia (17.075.400 km^2) quanto Mônaco (2,02 km^2) gozam da mesma estatura jurídica no plano internacional. Contudo, a viabilidade econômica e militar de determinados Estados (microestados – até 1.000 km^2 e 100 mil habitantes) acarreta desafios diante da desigualdade de fato. Dessa forma, a interrogação que se coloca é: têm eles aptidão para cumprir as obrigações contidas na Carta da ONU? Considere, além disso, que os países, assim caracterizados, representam cerca de um terço dos votos de determinadas OIs.

Direito das Relações Internacionais

Dando sequência aos requisitos, a população localizada em um território necessita dispor de *governo*, que deve ter controle e poder de mando sobre ela. O aparato governamental, ademais, deve ser reconhecido pelos outros governos no plano externo. Os efeitos desse reconhecimento são de variada ordem (p. ex., estabelecimento de relações diplomáticas, imunidade de jurisdição, capacidade para demandar e ser demandado perante tribunais internacionais).

Na atualidade, prevalece a teoria da efetividade do controle sobre população e território do governo a ser reconhecido (Doutrina Estrada) por oposição ao entendimento de que esse governo deve ser legítimo (Doutrina Tobar). Para além disso, o Estado deve ter a "capacidade para entrar em relações com os demais Estados". Esse derradeiro requisito aponta, segundo uns, para o conceito de *soberania*; de acordo com outros, para a independência no tocante aos diversos Estados.

Sobre isso, é válido rememorar que a noção de soberania precede, de algum modo, ao próprio Estado. Com efeito, a palavra deriva do "poder supremo" (*summa potestas*) dos monarcas sobre seus súditos. A etimologia contemporânea, no entanto, não aponta para esse caráter absoluto do poder. Nesse sentido, dizer que um poder é superior não implica que ele seja ilimitado. A superioridade está em que não se admite nenhuma autoridade acima dele.

Destaco, ademais, que a soberania compreende duas dimensões: uma externa (ordem jurídica internacional), que é definida de forma negativa: o Estado não tem superior e, em princípio, só está vinculado pelas regras com as quais consentiu; outra interna (ordem jurídica local), que pode ser definida de modo positivo e reflete-se na soma de certo número de prerrogativas soberanas. Retorno à distinção entre soberania e independência para sugerir que a primeira é o fundamento jurídico das competências internacionais do Estado, enquanto a segunda é a sua tradução política.

Veja-se, assim, a situação de alguns territórios geridos por determinados países (Aruba (Reino dos Países Baixos); Bermudas (Reino Unido); Guiana Francesa (França); Ilhas Cook (Nova Zelândia); Porto

Rico (*Estado Libre Asociado* aos EUA)). Com diferentes graus de autonomia e sob distintas denominações, esses territórios não mantêm relações diplomáticas formais com outros Estados. Não possuem, de maneira plena, soberania, tampouco independência. Isso não significa dizer que não possam vir a tê-las.

O conjunto das condições mencionadas acarreta certo número de consequências. De início, o fato de que a existência estatal, embora não necessite (p. ex., o art. 13 da Carta da OEA), depende politicamente da reação de outros Estados, traduzida no seu reconhecimento. Na ausência desse ato de vinculação subjetiva dos demais Estados, o novo sujeito será uma abstração. O reconhecimento configura ato livre, incondicional e irrevogável pelo qual um ou mais países aceitam a existência de um novo Estado.

Muito embora esse ato seja exclusivo dos Estados, as então Comunidades Europeias editaram, para seus membros, "Guia para o reconhecimento dos novos Estados do Leste Europeu e da União Soviética" (1991). Esse documento "recomendava" a necessidade de observância de alguns critérios como: respeito aos direitos humanos, democracia, Estado de direito, garantias de direitos às minorias, acatamento das fronteiras existentes e observância das obrigações internacionais no campo do desarmamento.

Do reconhecimento resultam as consequências jurídicas respectivas (p. ex., possibilidade de celebrar tratados, estabelecer relações formais e credenciar diplomatas e cônsules), bem como firmar relações de igualdade com a entidade soberana reconhecida. Cuida-se de ato jurídico marcado por dimensão política (determina a viabilidade do Estado), que tem natureza declarativa (atesta situação realizada) e não constitutiva (surge a partir dele). Esse fato possibilita a permanência ou a imutabilidade do Estado, apesar de eventuais mudanças de governo.

Ofereço, para ilustrar, algumas situações. O príncipe regente, "anuindo à vontade geral do Brasil, proclamou à face do universo sua independência" (Manifesto aos Governos e Nações Amigas, 6 de agosto de 1822), a qual se consumou em 7 de setembro de 1822. Em 1825,

Direito das Relações Internacionais

Portugal reconhece o Brasil na "categoria de Império independente" (art. 1, do Tratado de Paz e Aliança entre D. Pedro I, Imperador do Brasil, e D. João VI, Rei de Portugal).

Bem mais adiante no tempo, Transkei, um dos "Estados fantoches" (bantustões) controlados pela África do Sul no período do regime segregacionista (*apartheid*) tentou e não obteve o reconhecimento de nenhum outro país. Para além disso, a AGNU considerou inválida sua declaração de independência (A/RES/31/6, 26 de outubro de 1976) e o CSNU condenou a pressão indevida da África do Sul sobre o Lesoto para o referido reconhecimento (Resolução n° 402, 22 de dezembro de 1976).

Na atualidade, destaco as questões da Palestina e do Kosovo. Em ambos, houve reconhecimento por número expressivo de países. O Brasil o fez para a Palestina, mas não em relação ao Kosovo. Nesse caso, a posição brasileira é de apoio à decisão do CSNU (Resolução n° 1.244, 10 de junho de 1999), que, entre outras coisas, reconhece a região como parte integrante da Sérvia. Sendo assim, enquanto não resolvida de maneira negociada e pacífica entre as partes, a declaração unilateral do Kosovo (2008) não estaria em conformidade com a citada resolução.

Boa parte dos Estados que ainda não reconheceram a independência kosovar receiam, no fundo, que o caso se torne precedente para iniciativas assemelhadas (secessão) em seus territórios (p. ex., China (Taiwan), Espanha (Catalunha), Marrocos (Saara Ocidental), Rússia (Chechênia)). Entendo. Só não entendo a posição do Brasil. Reconheço que a conjuntura dos Bálcãs é complexa. De todo modo, coloco-me entre aqueles que consideram que nosso país deve reconhecer Kosovo como Estado independente. De um lado, nossas tradições; de outro, a inexistência concreta de "fantasma" secessionista entre nós.

De todo o exposto, preenchidos os mencionados quesitos, o ente em questão passa a dispor dos atributos que o direito associa à condição de Estado e que é oponível aos demais sujeitos de direito das gentes. O Estado assim estabelecido adquire personalidade jurídica, que se consolida com o conjunto de direitos, obrigações, competências ou poderes que integram a denominada capacidade jurídica. Essa capacidade, por sua vez, é originária, ao passo que a dos outros sujeitos é derivada por depender de seu reconhecimento pelo Estado, individual ou coletivamente. Buscando fixar o entendimento dos requisitos território e população, faço a seguir curta referência ao caso brasileiro.

O atual território brasileiro tem aproximadamente 23.102 km de fronteiras (15.735 km (terrestres) e 7.367 (marítimas)). Somam-se a ele os seguintes arquipélagos: Atol das Rocas; São Pedro e São Paulo; Trindade e Martim Vaz; bem como Fernando de Noronha (único habitado por civis). Deve-se agregar, também, o território brasileiro marítimo com superfície equivalente à da floresta amazônica, daí a metáfora "Amazônia Azul". Essa região corresponde ao tamanho aproximado de 52% da parte terrestre.

Esse território marítimo é regulado pela Convenção de Montego Bay, incorporada ao nosso ordenamento por meio dos Decretos nº 99.165, de 1990, e nº 1.530, de 1995; e pela Lei nº 8.617, de 1993, que dispõe sobre o mar territorial, a zona contígua, a zona econômica exclusiva e a plataforma continental brasileiros. Essas áreas podem ser assim resumidas:

a. Mar territorial (12 milhas náuticas (22,2 km) a partir da linha de base): soberania absoluta, econômica e militar. Reconhecido o direito de passagem inocente;

b. Zona contígua (12 milhas náuticas a partir do fim do mar territorial): controle administrativo (p. ex., aduaneiro, fiscal, imigração, sanitário);

c. Zona econômica exclusiva (do início da zona contígua até 200 milhas náuticas (370 km)): direitos econômicos absolutos sobre a água, o assoalho e o subsolo; e

d. Plataforma continental (200 milhas náuticas podendo chegar a 350 milhas náuticas (648 km), de acordo com os critérios e condições previstos em Montego Bay): direitos sobre o assoalho marítimo e sua fauna (p. ex., lagosta) e o subsolo (p. ex., petróleo do pré-sal). Ressalvado o direito dos demais Estados de colocar cabos e dutos.

Destaco, por igual, que compõem o território nacional o espaço aéreo sobrejacente e o subsolo, considerando suas riquezas. Elas podem estar integralmente sob nossa jurisdição (p. ex., aquífero Alter do Chão (Amapá, Amazonas e Pará)) ou sob a jurisdição compartilhada (p. ex., aquífero Guarani (Argentina, Brasil, Uruguai e Paraguai)). Os exemplos indicam, como os demais espaços hídricos do país, a possibilidade de situações nacionais e internacionais. Veja, dessa forma, os rios São Francisco (nacional) e Solimões (internacional (nasce no Peru)).

Nos casos internacionais, tanto a exploração quanto a utilização estão sujeitas ao entendimento dos envolvidos, o que ocorre, em geral, por meio de tratado. São exemplos o Tratado da Bacia do Prata (1969), que busca a promoção do desenvolvimento harmônico e a integração física dessa Bacia, e o Acordo sobre o Aquífero Guarani (2010), que objetiva a conservação e o aproveitamento sustentável dos recursos hídricos transfronteiriços desse sistema.

Em relação ao espaço aéreo correspondente ao domínio terrestre e marítimo (mar territorial), o Estado subjacente possui soberania exclusiva e absoluta. É o que estabelecem o costume internacional e o art. 1º da Convenção de Aviação Civil Internacional (Chicago (1944)). O texto convencional, no entanto, fixa o regime das "cinco liberdades". Dentre elas, destaco duas (elementares): sobrevoo, com possibilidade de exclusão pelo território subjacente de determinadas áreas em nome da segurança, e pouso técnico. Há, pois, certo limite à soberania estatal. As demais liberdades (comerciais) dependem de ajuste entre os interessados.

Questão importante vincula-se ao limite vertical do espaço para o exercício dessa soberania. Até o momento, os Estados não unificaram critérios. As opções vão da Linha de Kármán (separação entre aeronáutica e astronáutica (100 km)) à chamada "órbita geoestacionária" (35.786 km), termo cunhado por Arthur C. Clark (*Wireless world*). Nessa órbita localizam-se muitos satélites sobretudo de telecomunicações. Esse contexto tem levado ao crescente "congestionamento" da área com o perigo de colisão entre objetos, bem assim a preocupante questão do lixo espacial.

Tendo em conta que o espaço cósmico e os corpos celestes não são passíveis de proclamação de soberania e que inexiste certeza de que os Estados individualmente considerados cuidarão dele com mais atenção do que fazem na Terra, considero com simpatia os 100 km, desde que a órbita geoestacionária seja explorada entre os países em condições de igualdade. Daí para a frente, tem-se o espaço extra-atmosférico, que, como o alto-mar, integra o domínio público internacional. Imensa pretensão para quem reside num "pálido ponto azul" (*pale blue dot*) localizado no espaço cósmico, como nos lembra Carl Sagan. Bela ilustração disso é o documentário em curta-metragem *Powers of Ten* (1977), do casal Charles e Ray Eames.

Recordo, ainda, a perspectiva de território brasileiro "ficto" (p. ex., aeronaves e navios de natureza pública ou a serviço do Estado (v. art. 5º, § 1º, do CP)).

A *população*, por sua vez, é o conjunto de pessoas nascidas em dado território ou que para ele migraram. Os nascidos no mesmo território têm, de modo geral, semelhantes origem, língua, costumes, aspirações e tradições dos seus antepassados. Verifica-se, pois, uma união originária, ainda que alguns indivíduos estejam dispersos em áreas geográficas e políticas distintas. Em regra, essa coletividade respeita instituições compartidas (constituição, leis, governos). Dessa forma, compõem comunidade sociocultural denominada nação. Fala-se, portanto, em nação brasileira, mas também em nação tupinambá, em nação nagô.

A nação é, assim, fruto da circunstância; já o Estado é, como visto, uma instituição convencional. Pátria, por seu turno, é um ato de eleição. Ela é o lugar em que a pessoa humana pode encontrar as coisas que valoriza, em que se está bem (*ubi patria, ibi bene*). O tempo cuidou de entremear os conceitos. O lema do Barão do Rio Branco "em todo lugar lembrar-se da pátria" (*Ubique Patriae Memor*) espelha, de alguma maneira, essa ampla compreensão. Com isso, a nação se converte em pátria e o Estado se organiza em nação.

Para o direito, o sentido de nacional e, por consequência, de nacionalidade vincula-se à ideia de pertencimento jurídico e político de uma pessoa à população de determinado Estado. Na esfera interna, o vínculo aí estabelecido se manifesta no pleno acesso aos direitos políticos e às funções públicas, bem como em determinadas obrigações (eleitorais, militares, tributárias) por parte do nacional. Ademais, só os nacionais gozam de determinadas liberdades públicas (entrar e sair; ficar e circular no território nacional) e não se sujeitam à pena de banimento (expulsão de nacional (p. ex., art. 5º, XLVII, d, da CF)).

No domínio externo, o vínculo de nacionalidade possibilita a fruição da proteção diplomática no exterior. Esse regime jurídico tem base consuetudinária e resulta do entendimento de que um dano causado a um nacional (pessoa física ou jurídica) é um dano causado ao Estado patrial. Esse costume estabelece, de um lado, que se trata de um direito do Estado e não do nacional (CPJI: Caso Mavrommatis, Grécia *vs.* Reino Unido (1925)) e, de outro, que haja a exaustão prévia dos recursos legais internos no Estado contra o qual se alegue uma afronta ao direito das gentes antes de acionar tribunal internacional.

O direito internacional não se ocupa de definir quem são os nacionais de um país. O que ele determina é que o Estado deve se manifestar em determinadas pessoas humanas. Assim, busca evitar situação de indivíduo sem nacionalidade (apátrida). Nesse sentido, prescreve que todo o homem tem direito a uma nacionalidade, de que não pode ser arbitrariamente privado (art. XV da Declaração Universal dos Direitos do Homem (1948)). Para quem reclamar esse direito?

Essa questão foi enfrentada pela Convenção Americana sobre Direitos Humanos (1969): "toda pessoa tem direito à nacionalidade do Estado em cujo território houver nascido, se não tiver direito a outra" (art. 20, 2). Para além disso, o princípio da efetividade (laços genuínos e efetivos com o Estado de nacionalidade) foi consagrado pela CIJ (Caso Nottebohn, Liechtenstein *vs.* Guatemala (1955)).

O vínculo de nacionalidade é uma sujeição entre Estado e ser humano. Esse laço pode ser com mais de um Estado (polipátrida). É tecnicamente impróprio falar em "nacionalidade" das coisas. Essas estão subordinadas a uma relação de ordem administrativa (compra e venda).

Para elas, temos, por exemplo, a local do respectivo registro (p. ex., aeronaves e embarcações, que podem hastear a bandeira (pavilhão) do Estado em que estejam registradas).

A nacionalidade de que tratamos é a da pessoa humana, que pode ser *originária*, atribuída ao nascer pelo vínculo de sangue (*jus sanguinis*), pelo local de nascimento (*jus soli*) ou mediante sistema misto (combinação dos dois antes referidos); ou *derivada*, por meio da naturalização, que é pleito pessoal. Dessa maneira, tocou aos Estados estabelecer quem são seus nacionais. Alguns países adotam lei (p. ex., França (Código de Nacionalidade)), outros delimitam o tema na Constituição (p. ex., Brasil (art. 12)).

No Brasil, são brasileiros natos os nascidos em território nacional (*jus soli*). Essa regra comporta as exceções indicadas (art. 12, I, b e c). Os naturalizados são os que, na forma da Lei de Migração (art. 64 e seguintes), adquirem a nacionalidade brasileira. O texto constitucional dispõe que não se estabelecerá distinção entre natos e naturalizados, salvo nos casos constitucionalmente previstos (art. 5º, XXXI e LI; art. 12, § 3º; art. 14, § 2º). A Constituição contempla, ainda, as hipóteses de perda de nacionalidade (art. 12, § 4º).

Aqueles que não se enquadram nesse regramento são "estrangeiros", termo utilizado no texto constitucional. A legislação mencionada fala em migrante, denominação contemporânea. De toda maneira, esse enquadramento é definido de forma negativa. Trata-se, em derradeira análise, de uma ideia de exclusão na medida em que divide as pessoas físicas entre nacionais e não nacionais (estrangeiros, migrantes, alienígenas). Os portugueses residentes no Brasil têm tratamento especial, desde que haja reciprocidade em favor dos brasileiros (art. 12, § 1º, da CF).

A admissão de não nacionais é ato discricionário do Estado, que tem a prerrogativa de impedir sua entrada. Deve-se ressalvar norma constante de compromisso internacional (p. ex., Convenção relativa ao Estatuto dos Refugiados (1951) e Convenção sobre o Estatuto dos Apátridas (1954)). Nesses casos, o Estado não tem a faculdade discricionária de fechar as portas. Ele tem de apreciar a situação concreta. De todo modo, uma vez admitido, ao estrangeiro é assegurado o direito à

Direito das Relações Internacionais

vida, à liberdade, à igualdade, à segurança e à propriedade. Assim preconiza o art. 5º da CF, que assegura a igualdade de todos perante a lei. No mesmo sentido, a Lei de Migração (arts. 3º e 4º).

Os títulos de ingresso (visto) são os previstos na Lei de Migração (art. 12). Na maioria dos casos, funciona a reciprocidade de tratamento. A identidade do estrangeiro é o passaporte, de que ele é portador (a propriedade é do Estado). O estrangeiro, em geral, deixa o país por vontade própria. Ele, no entanto, pode ser retirado compulsoriamente por iniciativa: local (repatriação, deportação e expulsão); estrangeira (pedido de outro Estado (extradição)); ou internacional (solicitação (entrega) de tribunal internacional (p. ex., TPI)). A citada lei apresenta os pormenores das situações descritas.

Para fechar esta seção, pondero que o Estado representa o esquema modelo de exercício do poder nas relações internacionais e seu êxito é demonstrado, de alguma forma, pelo fato de que seu número quadruplicou nos últimos 75 anos (membros da ONU: 51 (1945); 193 (2021)). O arquétipo estatal, apesar de sofrer contestação (p. ex., autodeterminação dos povos), continua sendo o horizonte dos próprios movimentos que o invocam, porquanto o alegado direito de secessão conduz invariavelmente à criação de um novo Estado.

ORGANIZAÇÃO INTERNACIONAL

Organização internacional, intergovernamental ou pública internacional, essas são as denominações mais usadas para se referir ao sujeito de mais amplo reconhecimento entre os atores da cena internacional depois dos Estados. As organizações internacionais (OIs), termo mais utilizado nos dias de hoje, existem em uma variedade de formas, que é refletida no exercício das mais distintas finalidades (administrativa, legislativa, executiva e judiciária) sobre os mais variados temas. A subjetividade dessas organizações, no entanto, encontra limitações que buscarei demonstrar.

Partindo da premissa de que uma definição é, em geral, redutora das distinções existentes na prática, começo pelo entendimento de que OI é uma *associação de Estados instituída por tratado, com estrutura permanente e autônoma voltada para o exercício de suas funções, bem como possuidora de personalidade jurídica própria*. Essa é, com variações a depender do autor, a compreensão clássica. Dela extraio quatro características essenciais: (i) composição estatal; (ii) origem convencional (tratado); (iii) estrutura permanente e independente; e (iv) autonomia jurídica.

Existem organizações compostas por outros sujeitos, bem como constituídas por ato internacional distinto de tratado. São hipóteses incomuns, mas encontráveis. Para o primeiro caso, considere a presença de OI na condição de membro de outra (p. ex., UE na OMC), como também da Santa Sé em uma OI (p. ex., na OMPI).

Em relação ao meio utilizado para sua instituição, há registro de OI criada mediante fonte não convencional (p. ex., Organização Mundial da Saúde (OMS), resolução da AGNU (A/RES/61/1, de 1946); Opep, resolução adotada na Conferência de Bagdá (1960); e Tribunal Penal Internacional da ex-Iugoslávia (1993/2017), resolução do CSNU (S/RES/8008, de 1993)).

Esse contexto está compreendido na definição dada pela CDI da ONU nos "'Projetos' de artigos sobre a responsabilidade internacional das OIs" (*Draft articles on the responsibility of international organizations* (2011)). A proposta da Comissão estabelece que OI significa organização instituída por tratado *ou outro instrumento de direito internacional* e possuidora de sua própria personalidade jurídica. Ela prescreve, ainda, que a OI pode *incluir como membros*, além de Estados, *outras entidades* (art. 2, a). Creio ser esse o entendimento que mais condiz com o momento atual.

Situação excepcional que ainda divide opiniões é a possibilidade de uma OI criar outra. Também aqui as amostras são escassas. Ocorre-me a Agência Internacional de Energia (AIE), estabelecida por decisão do Conselho da OCDE em 1974. O exemplo não é perfeito na medida em que a decisão que instituiu a Agência a classifica como "órgão autônomo" na estrutura da Organização (art. 1). Por sua vez, o Instituto Multilateral de Viena (*Joint Vienna Institute*) foi criado, em 1992, por cinco organizações internacionais (Fundo Monetário Internacional (FMI), OCDE, Banco de Compensações Internacionais (BIS, na sigla em inglês), Banco Europeu para Reconstrução e Desenvolvimento (EBRD, na sigla em inglês) e Banco Internacional para Reconstrução e Desenvolvimento (IBRD, na sigla em inglês)).

Ter em mente os aspectos referidos evita o cometimento de equívocos e auxilia, por exemplo, na distinção entre OI e organismo internacional. Essa última expressão nos ampara quando não sabemos, com exatidão, do que se trata, como afirma Francisco Rezek. Considere os seguintes exemplos: Oaci e Associação Internacional de Transporte Aéreo (Iata, na sigla em inglês); Agência Internacional de Energia Atômica (AIEA) e Associação Mundial de Operadores Nucleares (Wano, na sigla em inglês); CIJ e Tribunal Latino-americano da Água (TLA). Oaci, AIEA e CIJ são organizações internacionais. Elas preenchem os requisitos e as características apontadas. Já Iata, Wano e TLA não satisfazem os mencionados critérios.

A Iata congrega empresas de transporte aéreo. Dessa forma, ela não passa nos dois primeiros "testes": composição e origem. O mesmo ocorre com a Wano. Entre os operadores nucleares pode haver Estado; a maioria dos associados, contudo, é empresa privada, que não celebra tratado. Veja, entretanto, que ambos os organismos têm estrutura permanente e autonomia jurídica concedida pela lei do local em que se encontram. Em relação ao TLA, a composição não é estatal, a origem não é convencional, inexiste estrutura permanente, tampouco personalidade jurídica de direito internacional. Nesses casos, a denominação *organismo internacional* é a mais apropriada. O elemento internacional está, tão só, no fato de que as respectivas atuações ultrapassam o território de um único Estado.

Ainda no tocante à denominação, observo que o texto constitucional foi parcialmente feliz ao dispor que compete aos juízes federais processar e julgar as causas fundadas em tratado ou contrato da União com Estado estrangeiro ou organismo internacional (art. 109, III). Sob o enfoque técnico jurídico, não se pode celebrar tratado com "organismo internacional".

O equívoco da expressão utilizada é ainda maior quando o constituinte cuidou das competências para solucionar litígio entre "organismo internacional" e a União, o Estado, o Distrito Federal ou o Território (art. 102, I, e – STF), bem como entre "organismo internacional" e Município ou pessoa residente ou domiciliada no país (art. 105, II, c – STJ). A notícia auspiciosa é o uso tecnicamente correto da expressão no art. 21 da CF: "Compete à União participar de organizações internacionais".

A Lei nº 13.844, de 2019, que estabelece a organização básica dos órgãos da presidência da República e dos ministérios, foi mais feliz. Ela descreve como áreas de competência do Ministério das Relações Exteriores a assistência direta e imediata ao presidente da República nas relações com Estados estrangeiros e com *organizações internacionais* (art. 45, I); a participação em negociações comerciais, econômicas, financeira, técnicas e culturais com Estados estrangeiros e com *organizações internacionais*, em articulação com os demais órgãos competentes (art. 45, IV); e o apoio a delegações, a comitivas e a representações brasileiras em agências e "organismos" internacionais e multilaterais (art. 45, VI). O derradeiro item, como se vê, destoa dos anteriores.

O emprego adequado dos termos facilita as coisas. O profissional das relações internacionais se depara com acrônimos (p. ex., Brics), expressões (p. ex., Movimento Não Alinhado), letras e números (p. ex., G7, G20, G77), que desafiam à primeira vista seu entendimento. Basta recorrer ao teste referido para saber do que se cuida. Dos exemplos mencionados, nenhum tem estrutura permanente, tampouco personalidade jurídica própria. Logo, não são OIs. Podem ser catalogadas como organismos internacionais com suas especificidades (agrupamento, fórum, movimento, grupo, coalizão etc.).

Feito o registro, recomendo o emprego adequado das expressões, mas reconheço que os "usos e costumes" abonaram sinonímia inexistente. De um lado, a Constituição; de outro, o próprio Itamaraty, que contava, até recentemente, com Departamento de Organismos Internacionais.

Direito das Relações Internacionais

Do exposto, percebe-se que a qualificação de uma OI não depende do nome, tampouco do assunto de que se ocupa. Tudo passa por constatar a presença das citadas características mediante leitura do respectivo tratado constitutivo. Cada organização possui o seu, inexiste padrão.

O documento criador proporciona notícia dos membros (admissão, retirada), dos propósitos e finalidades, do alcance geográfico, do local da sede, do arranjo institucional (órgãos e processo decisório), dos poderes, da extensão da personalidade jurídica, da política de pessoal, das finanças, dos privilégios e imunidades, das sanções, dos modos de solução de controvérsias. Nesse roteiro encontra-se uma "teoria geral" das OIs, mais bem explorada em manual próprio desta coleção (*Organizações e instituições internacionais*).

Ainda sob o ângulo do direito das relações internacionais, a personalidade jurídica das OIs merece detalhamento. De início, o fato de que alguns tratados preveem que a organização gozará, no território de cada um de seus membros, da capacidade jurídica necessária ao exercício de suas funções e à realização de seus propósitos (p. ex., art. 104 da Carta da ONU (1945); art. 39 da Constituição OIT (1946)). Esses dispositivos versam sobre a personalidade jurídica interna. Ele busca assegurá-la diante dos ordenamentos jurídicos dos respectivos membros.

Situação distinta é a que se relaciona com a personalidade jurídica internacional da OI. Trata-se aqui da capacidade para atuar em nome próprio no cenário internacional. Sobre isso, o tratado constitutivo da ONU, por exemplo, é silente. Para entender essa omissão é importante recordar que o fenômeno organizacional é relativamente novo. Sua origem está situada no Congresso de Viena (1815), cuja Ata Final previa (Anexo 16) a necessidade de fomentar e disciplinar a navegação dos rios que separam ou atravessam diferentes Estados.

Instituiu-se, para tanto, a Comissão Central do Reno (1831), considerada a primeira OI da história. Na altura, não se concebia outro sujeito de direito internacional que não fossem os Estados independentes. O tratado que criou a ONU é, de alguma forma, herdeiro dessa compreensão.

110

Sujeitos do direito internacional

O assunto foi retomado diante de caso concreto: o assassinato do conde Bernadotte em 1948. O membro da realeza sueca estava na Palestina, a serviço da ONU, para mediar confronto entre judeus e árabes quando foi morto por integrantes de grupo paramilitar sionista. Esse o quadro, a AGNU solicitou (art. 96, 1, da Carta) parecer consultivo da CIJ nos seguintes termos: "No caso de um Agente das Nações Unidas, no desempenho de suas funções, sofrer um dano envolvendo a responsabilidade de um Estado, tem a ONU a capacidade para fazer uma reivindicação internacional contra o governo responsável [...]?". De outra forma, tem a Organização competência para exigir internacionalmente o respeito dos seus direitos, lançando mão dos procedimentos adequados?

Da manifestação do principal órgão judiciário da ONU (art. 92 da Carta), extraio o seguinte: "Enquanto um Estado possui a totalidade dos direitos e deveres reconhecidos pelo direito internacional, os direitos e deveres duma entidade como a Organização têm que depender dos propósitos e funções atribuídas ou implícitas nos seus documentos constitucionais e desenvolvidas na prática. [...] As funções da Organização têm uma natureza tal que não poderiam ser exercidas efetivamente se tivessem que envolver, na questão em causa, no plano internacional, 58 ou mais Ministérios dos Negócios Estrangeiros, concluindo assim o Tribunal que os Membros dotaram a Organização da capacidade para intentar ações internacionais sempre que necessário para o exercício das suas funções" (Reparação de danos sofridos a serviço das Nações Unidas (1949)).

Ao contrário das sentenças em casos contenciosos envolvendo Estados (art. 94 da Carta), o parecer consultivo da CIJ não é vinculante. Ele, todavia, fixa entendimento sobre determinado ponto do direito internacional. Na hipótese, a Corte estabeleceu a personalidade jurídica internacional das OIs, mas limitou-a aos propósitos e finalidades da Organização em causa.

À maneira de exemplo de consequência dessa opinião, veja o não acolhimento pela mesma Corte do pedido de parecer consultivo da

OMS sobre a possibilidade do uso de arma nuclear em caso de guerra. Lembrando que a Constituição da OMS define como seu objetivo "a aquisição, por todos os povos, do nível de saúde mais elevado que for possível" (art. 1), a CIJ concluiu que o tema não se insere na esfera de atividades da OMS, como determina a Carta da ONU (art. 96, 2).

Como a guerra é julgada com referência aos motivos invocados (direito à guerra (*jus ad bellum*)) e aos meios empregados (direito na guerra (*jus in bello*)), decidiram os juízes que nenhuma dessas perspectivas está enquadrada nas funções atribuídas à requerente. Houve crítica. O Tribunal poderia ter desenvolvido o conceito de funções implícitas da Organização. Nesse sentido, as consequências para a saúde da utilização de artefato nuclear estariam enquadradas nos domínios da OMS. O assunto retornou por solicitação da AGNU, de ilimitadas atribuições, e foi enfrentado no mérito pela Corte, como descrito anteriormente.

De toda forma, o referido Caso Reparação de Danos ampliou de maneira expressiva o número de sujeitos de direito internacional. No tocante às OIs, ele assegurou o exercício em nome próprio dos meios jurídicos necessários ao cumprimento das suas funções; consolidou o poder de celebrar tratados; firmou o direito de estabelecer relações diplomáticas (envio e recebimento de representantes); e fortaleceu a fruição de privilégios e imunidades (também restritas ao exercício das funções da OI). Desde então, não se discute mais a personalidade jurídica internacional das Organizações.

Ainda assim, alguns tratados constitutivos mais contemporâneos deixam patenteada tanto a personalidade internacional quanto a interna. Veja-se, a propósito, o que prescreve o Protocolo de Ouro Preto (1994): art. 34. "O Mercosul terá personalidade jurídica de Direito Internacional"; e art. 35. "O Mercosul poderá, no uso de suas atribuições, praticar todos os atos necessários à realização de seus objetivos, em especial contratar, adquirir ou alienar bens móveis e imóveis, comparecer em juízo, conservar fundos e fazer transferências".

PESSOA HUMANA

Também aqui a questão terminológica se apresenta. Há quem use outras denominações (indivíduo, pessoa, pessoa privada, pessoa física, ser humano). Optei por "pessoa humana", sem prejuízo das demais. Para a ciência jurídica, a palavra "pessoa" tem contornos mais bem definidos e é suscetível de definição técnica (v. pessoa física (humana ou natural) e jurídica). Nesse sentido, o termo "indivíduo" não corresponde propriamente a uma noção jurídica. Ele está mais próximo da biologia, filosofia e sociologia. Convém, entretanto, não o confundir com os chamados "direitos individuais". Essa expressão é empregada para assegurá-los, por exemplo, contra pretensões da coletividade pública.

É importante recordar que a finalidade do direito é, em última análise, reger comportamentos humanos, bem como as relações entre seres humanos e animais ou objetos inanimados (p. ex., sociedade mercantil). Para além de prevenir e solucionar eventuais conflitos entre membros de uma dada população, o direito procura enquadrar, orientar e racionalizar o conjunto de atividades e de condutas humanas.

Enfim, busca organizar a vida social no respeito e no equilíbrio de seus componentes. Não obstante essa centralidade, a pessoa humana ainda é, no âmbito do direito das gentes, tema de controvérsia. De um lado, os que não veem nela a capacidade para demandar e ser demandada no plano internacional; de outro, aqueles que entendem ser plena tal capacidade.

Parece-me que os extremos não guardam a realidade. Estamos diante de sujeito atípico. No momento, a pessoa goza de certo estatuto jurídico de direito internacional, uma vez que é titular de determinados direitos a que todos devem respeitar. Os mais evidentes são o direito à vida, à integridade física e moral, à liberdade (locomoção, opinião, expressão, pensamento, reunião). Esses direitos e liberdades fundamentais constituem o núcleo válido universalmente para todo ser humano. Destaco, por igual, que esse conjunto de direitos está baseado na proteção do interesse comum das pessoas humanas e não na simples reciprocidade dos interesses estatais, como outrora.

De alcance *universal* (p. ex., Declaração Universal dos Direitos Humanos (1948)), *regional* (p. ex., Convenção Americana sobre Direitos Humanos (São José da Costa Rica, 1969), Carta Africana dos Direitos Humanos e dos Povos (Banjul, 1981)), *setorial* (p. ex., diferentes convenções: Genocídio (1948), Refugiados (1951), Discriminação Racial (1968), Mulher (1979), Tortura (1984), Criança (1989)) ou *local* (considerando o primado da norma mais favorável à vítima, o direito interno do Estado violador pode ser aplicado contra o próprio em detrimento do internacional), inúmeros instrumentos jurídicos internacionais asseguram a validade e a inderrogabilidade desses direitos.

A pessoa humana é bem compreendida no direito das relações internacionais na condição de sujeito passivo. Dessa maneira, ela é objeto de salvaguarda tanto do Estado patrial, por meio da referida proteção diplomática, quanto do direito internacional dos direitos humanos. A pessoa também se submete a determinadas normas internacionais sob pena de, não o fazendo, responder interna e internacionalmente pelos seus atos. Considere, a título de exemplo, o art. 25 do Estatuto de Roma do TPI, que cuida da responsabilidade criminal individual e contempla a possibilidade de punição da pessoa humana mediante aplicação das penas previstas no Estatuto (art. 77).

Aspecto ainda controverso dessa subjetividade, no entanto, é o relacionado com a dimensão ativa da condição desse sujeito. Aqui vou além da mera possibilidade de apresentar comunicações ou petições individuais, tal como prevista em diferentes tratados. Falo da hipótese de a pessoa poder atuar diretamente na defesa dos seus interesses no plano do direito das gentes. Essa perspectiva encontra-se em evolução. Se é certo que não se pode mais considerar a pessoa como simples objeto do direito internacional, não menos exato é que ela ainda não adquiriu a plenitude de suas capacidades nesse ramo do direito, apesar do processo de humanização que o direito das gentes vem experimentando.

114

Nesse sentido, lembro que o direito de acesso direto (*jus standi*) da pessoa humana a um tribunal internacional foi instituído, pela primeira vez, no romper do século passado. A previsão constou do tratado constitutivo da Corte de Justiça Centro Americana (Cartago), que tinha competência originária nas demandas de cidadãos centro-americanos contra os governos contratantes, após o esgotamento dos recursos internos do país demandado ou quando comprovada a denegação de justiça (art. 2° da Convenção de Washington (1907)). Criada por Costa Rica, El Salvador, Guatemala, Honduras e Nicarágua, essa Corte também se notabilizou por ser pioneira na condição de órgão judiciário internacional permanente e vinculante. Ela teve, contudo, vida curta (1907/1918), e dos poucos casos apresentados por particular, apenas um teve tramitação completa (Alejandro Bermúdez Núñez (nicaraguense) *vs.* Costa Rica (1913)).

A volta do *jus standi* da pessoa humana no plano internacional ocorreu no âmbito do Tribunal de Reclamações Irã-Estados Unidos (*Iran-United States Claims Tribunal* (1981)), que contempla solução pela via arbitral. Outro exemplo é a perspectiva de acesso a tribunais administrativos de determinadas OIs para apreciar demandas trabalhistas dos respectivos quadros funcionais (p. ex., Tribunal Administrativo das Nações Unidas). Situação mais contemporânea e abrangente é a propugnada pelo Conselho da Europa. Os membros dessa organização asseguraram, por meio do Protocolo nº 11 (1994) à Convenção Europeia dos Direitos Humanos, o ingresso direto da pessoa humana no Corte Europeia de Direitos Humanos (Estrasburgo).

O importante avanço verificado no velho continente não se vê em nossa região. Por aqui, o Regulamento da Corte Interamericana de Direitos Humanos (CIDH; São José da Costa Rica) garante, uma vez admitida a demanda pela Comissão Interamericana (procedimento bifásico), a participação das supostas vítimas, seus familiares ou seus representantes em todas as etapas do processo. O próximo e esperado passo será salvaguardar, como sucede na Europa, o acesso direto à CIDH (procedimento unifásico).

Do exposto, tem-se que a qualificação da pessoa humana como sujeito do direito internacional continua limitada. Ela depende da vontade dos Estados, responsáveis pela adoção de atos internacionais asseguradores dessa condição. Dito isso, realço que o reposicionamento da pessoa na cena internacional representa uma das mais relevantes evoluções do direito das relações internacionais nos últimos tempos. Houve avanços superlativos, mas o caminho ainda é longo e segue demandando necessária harmonia de pensamento e ação de todos no intuito de ampliar espaços de subjetividade para a pessoa humana no âmbito desse direito.

OUTROS ATORES

Sob esse enquadramento, refiro-me aos sujeitos "atípicos" e àqueles que, embora não sejam reconhecidos como sujeitos plenos de direito das gentes, exercem certa influência na condução do relacionamento internacional.

De início, menção àquela que goza de estatuto jurídico internacional próprio há mais tempo: a *Santa Sé*. Considerando a dimensão territorial (Vaticano/0,44 km²) e a "população" (801 habitantes) não parece apropriado falar na existência de Estado à luz do que preceitua o direito internacional. Cuida-se, porém, de circunstância inabitual que encontra fundamento na história.

Nessa linha de raciocínio, observe que o papa possui o poder temporal ou político (chefe dos Estados pontifícios) e o espiritual (chefe da Igreja Católica Romana). A personalidade da Sé Apostólica confundiase, no passado, com a dos Estados da Igreja (40.000 km² /pouco menor que a Suíça), território situado na parte central da Itália e sob jurisdição papal entre 754 e 1870. A unificação italiana redundou na ocupação dessa base territorial em 1870. A situação, entretanto, não alterou a missão da Igreja, que, pela própria natureza, tem estatura internacional desatrelada desse ou daquele Estado.

Como forma de compensar a anexação, o parlamento italiano aprovou, em 1871, a "Lei das Garantias". Esse diploma atribuía ao papado renda incessível proveniente do orçamento italiano. Além disso, assegurava a soberania e a inviolabilidade do sumo pontífice. A despeito dessas iniciativas, a sociedade internacional protestou contra a espoliação do território e a incameração dos bens eclesiásticos. E mais, as potências da época continuaram acreditando seus embaixadores junto ao bispo de Roma.

Esse o quadro, Itália e Santa Sé celebraram, em 1929, tratado (acompanhado de 4 anexos (fixação do território; imóveis que gozam de extraterritorialidade; imóveis isentos de expropriação e de impostos; e convênio financeiro)) e concordata no Palácio de Latrão, em Roma. Referidos atos restabeleceram, pela ótica do direito internacional, o poder temporal do papa. Os chamados Acordos de Latrão põem termo à "Questão Romana", nascida da anexação dos Estados pontifícios ao então reino da Itália (Casa de Savoia).

Com eles, foi reconhecida a soberania da Santa Sé no domínio internacional como atributo inerente à sua natureza, em conformidade com a tradição e com as exigências de sua missão no mundo. Confirmou-se, ainda, sua plena propriedade e jurisdição soberana sobre a Cidade do Vaticano, território considerado neutro e inviolável. Os documentos preveem, por igual, que os possuidores de residência estável na Cidade do Vaticano estão sujeitos à jurisdição da Santa Sé, nos termos em que especifica.

No tocante à matéria penal, a Itália velará, a pedido da Sé, para que os crimes não contemplados no Código de Direito Canônico e que eventualmente venham a ser cometidos na Cidade do Vaticano sejam julgados em território italiano (art. 22 do Tratado). Situação, por exemplo, de Ali Agca, que atentou contra a vida do papa João Paulo II na Praça de São Pedro em 1981. O acusado foi julgado e condenado por tribunal italiano.

Para além disso, assegurou-se o direito de legação ativo e passivo, segundo as regras do direito internacional. O tratado lateranense indica, também, que a Itália reconhece o Estado da Cidade do Vaticano, sob a soberania do sumo pontífice. Garantiu-se, desse modo, a completa independência da Santa Sé e evitou-se que o pontífice romano fosse súdito de algum país. É, portanto, Estado incomum que existe como garantia da sua independência real e visível para o exercício de sua atividade de governo em prol da Igreja e do trabalho pastoral.

Esse sujeito não compreende as características ordinárias de uma comunidade política. Dessa forma, a Santa Sé não possui coletividade própria para cujo serviço fora constituída. Conquanto haja uma lei de cidadania (Lei nº CXXXI, de 2011), inexiste laço jurídico político entre os residentes e a Santa Sé. Há, tão só, vínculo funcional com todos os detentores de passaporte pontifício: santo padre, cardeais residentes na Cidade do Vaticano, diplomatas da Santa Sé, determinados moradores em razão das funções exercidas e membros da Guarda Suíça, corpo militar de defesa historicamente responsável pela segurança do papa.

A solução só não é imaculada pelo fato de, por vezes, induzir em erro o desavisado, dado que ao menos quatro entidades têm sido mencionadas como detentoras de personalidade internacional: Santa Sé (poder espiritual), Estado da Cidade do Vaticano (poder temporal), Vaticano (base física do Estado) e papa (Lei das Garantias). A Santa Sé tem *status* de Estado Observador Permanente junto à Assembleia Geral da ONU (Resolução nº A/58/314, de 2004).

O Estado da Cidade do Vaticano é, por motivos históricos, membro de duas agências especializadas da Organização: a UPU e a União Internacional de Telecomunicações (UIT). No setor de embaixadas em Brasília, a tabuleta de identificação registra: Embaixada da Santa Sé. Situada atrás da Catedral, o local acolheu, por exemplo, solicitantes de asilo diplomático no período de ausência de democracia no Brasil. Em resumo, é com a Santa Sé que os Estados mantêm relações diplomáticas. Nosso relacionamento, por exemplo, data de 1829, com a representação elevada à categoria de embaixada em 1919.

A Sé Apostólica mantém relações diplomáticas com 183 países de diferentes inclinações religiosas (p. ex., Israel (judaísmo) e Irã (islamismo), Estados confessionais). O representante papal é chamado de núncio apostólico e possui, com base em sólida norma costumeira reconhecida pelo Congresso de Viena (1815), o privilégio de precedência sobre os demais embaixadores. Trata-se, assim, do decano do corpo diplomático.

O Estado acreditado, contudo, tem a liberdade de acolher ou rejeitar esse entendimento (art. 16, 3 da CVRD (1961)), que segue sendo observado pela ampla maioria dos países. O núncio exerce dupla missão: legado pontifício com o encargo de tornar mais firmes os vínculos com as Igrejas particulares locais e representante do papa encarregado de promover e estimular as relações entre a Sé Apostólica e as autoridades do Estado.

Em 2000, foi promulgada pelo papa João Paulo II a nova Lei Fundamental da Cidade do Vaticano. O texto reitera o caráter singular da Santa Sé, que não se vincula a nenhum interesse nacional, mas busca o bem comum de toda a família humana. Esse Estado "atípico" tem longa tradição de trabalho em prol da manutenção da paz internacional. Considere, por exemplo, as Bulas *Inter Coetera* I e II (Espanha e Portugal (1493)); a encíclica *Pacem in Terris* (1963), de João XXIII; a atuação arbitral no caso do Canal de Beagle (Argentina e Chile (1978)). Some-se a isso a circunstância de participar em inúmeras organizações internacionais como: membro fundador (AIEA); membro (p. ex., OMPI e Organização para a Proibição de Armas Químicas (OPAQ)); e observador (p. ex., ONU, OIT, OMC, OMS, OEA).

Dessa forma, estamos diante de pessoa de direito público externo cuja capacidade jurídica mais se aproxima daquela própria dos Estados soberanos. Há, no entanto, quem atribua a essa condição singular ares de verdadeiro anacronismo, que deveria ser reconsiderado. Essa corrente sustenta que outras comunidades religiosas não usufruem da mesma situação. Esse reparo, todavia, não é consensual. As religiões monoteístas milenares de matriz abraâmica, por exemplo, não veem nenhum inconveniente. Sobre isso, reitera-se que pesa em favor da condição da Santa Sé a prática histórica consolidada.

Direito das Relações Internacionais

As demais orientações religiosas têm, em geral, a proteção do ordenamento jurídico interno nos países em que estão instaladas. No Brasil, o representante da Santa Sé, pelos motivos enunciados, trata dos seus interesses no Ministério das Relações Exteriores (MRE); os representantes de outras confissões religiosas, por sua vez, cuidam dos seus no Ministério da Justiça (MJ). Observe o leitor que o MJ já foi chamado de Ministério da Justiça e Negócios Interiores (1889/1930). Enfim, nenhuma crença está desassistida. Para além disso, são os únicos "palácios" na Esplanada dos Ministérios. Arquitetura diferenciada e um defronte do outro. Foi a maneira que Oscar Niemeyer encontrou para distinguir as pastas mais antigas.

Já a *Ordem de Malta* (Ordem Soberana Militar e Hospitalar de São João de Jerusalém, Rodes e Malta) goza de reconhecimento menos entusiasmado por parte da sociedade internacional. É ente de grande antiguidade e tumultuada história. Ela é sucessora do Hospital, ordem religiosa e militar estabelecida na cristandade medieval (1113). Os hospitalários objetivavam a defesa dos cristãos e a luta contra os infiéis. A Ordem constituiu principado eclesiástico independente em Rodes (1310), escalada dos peregrinos que se dirigiam à Terra Santa e dos palmeiros que de lá retornavam. Expulsos pelos turcos (1522), partem para a ilha de Malta (1530), onde permanecem até nova expulsão, desta vez por Napoleão, que se encontrava a caminho do Egito (1798).

A Ordem de Malta tem natureza de ordem religiosa dependente da Santa Sé e regula-se pelo ordenamento canônico (Sentença Cardinalícia de 24.01.1953 (atribui soberania e direito de trocar agentes diplomáticos) e Breve Pontifício de 21.11.1956), bem como por Constituição própria promulgada em 1961 e revista em 1997. Ela consagra o melhor de suas energias para a assistência hospitalar, caritativa e social, sem descuidar da defesa dos ideais cristãos. Dessa forma, segue fiel ao seu lema: "Defesa da fé e assistência aos pobres" (*Tuitio fidei et obsequium pauperum*).

Fixada em Roma, a Ordem retomou sua missão caritativa, abandonando todo e qualquer aparato militar. Possui relativo *status* internacional derivado do fato de que mantém relações diplomáticas com vários países. Entre eles o Brasil, que mantém embaixada junto à Ordem Soberana e Militar de Malta, cumulativa com a Embaixada no Vaticano (art. 1º, LV do Decreto nº 5.073, de 2004). É, ainda, observadora permanente da AGNU (Resolução n° A/48/265, de 1994). Sua Constituição determina que a Ordem terá representação diplomática na Santa Sé, em conformidade com o direito das gentes. Ela mantém embaixada em Brasília.

Parte da doutrina, contudo, afasta da Instituição a titularidade de direitos e deveres no plano internacional. Acredito que mais apropriado é o reconhecimento tópico da condição de sujeito. Assim, a pauta de direitos e obrigações fica circunscrita aos termos e requisitos de seu reconhecimento pelos demais membros da sociedade internacional. Razões históricas aliadas à prática internacional respondem por esse entendimento. Nos dias de hoje, 92 países outorgam essa posição, em base *sui generis*, à Ordem de Malta.

O Comitê Internacional da Cruz Vermelha (CICV) também possui situação jurídica anômala à vista do direito internacional. Sua exata condição jurídica é objeto de frequente hesitação. Alguns sugerem tratar-se de ONG; outros propõem que se cuida de "órgão híbrido" (organização com vocação internacional submetida ao direito suíço); há, ainda, doutrinadores que indicam a presença de elementos próprios às OI; existem, por fim, aqueles que lhe atribuem a condição plena de sujeito de direito internacional.

Curiosamente, todas as opções apresentam algo de verossímil. A prática internacional dá respaldo à tese de que estamos diante de mais um sujeito inusual. De um lado, a tradição; de outro, o exercício, ainda que restrito, de prerrogativas típicas dos sujeitos de direito internacional: celebrar tratados e enviar representantes. O CICV é entidade humanitária fundada em Genebra no ano de 1863, que atua na proteção e assistência às vítimas (civis e militares) de conflitos armados, tanto internos quanto internacionais.

No início, era uma instituição privada e beneficente criada por cidadãos suíços em conformidade com o direito helvético para dar consequência às ideias de Henry Dunant (1828-1910), que propugnou pelo ideal de que as sociedades se organizassem em tempo de paz para prestarem socorro em tempo de guerra (*Lembrança de Solferino*). Aos poucos, o propósito dos suíços converteu-se, pelo desejo dos Estados, em entidade reconhecida pelas quatro Convenções de Genebra (1949), bem como pelos seus dois protocolos adicionais (1977).

Com isso, o CICV transformou-se no "guardião" do chamado "Direito de Genebra", cujo núcleo são as convenções e os protocolos referidos. Além da custódia do direito humanitário – ramo do direito internacional dos direitos humanos aplicável em situação de conflito armado –, o Comitê tem relevante papel de promotor e divulgador desse mesmo direito. Ele é, ainda, membro fundador do Movimento Internacional da Cruz Vermelha e do Crescente Vermelho, composto pelo próprio Comitê, pelas sociedades nacionais da Cruz Vermelha e do Crescente Vermelho. Todas funcionam como entes independentes e pautam sua atuação pelos princípios da humanidade, imparcialidade, neutralidade, independência, voluntariado e universalidade.

As sociedades nacionais, 189 na atualidade, apoiam as autoridades locais em questões humanitárias. Em tempo de conflito armado, dão amparo a serviços de assistência médica. Atuam, também, em atividades específicas (coleta de sangue, treinamento de enfermeiros, assistência aos desprovidos). A Cruz Vermelha brasileira, por exemplo, é considerada pelo governo como entidade de socorro voluntária, autônoma, auxiliar dos poderes públicos, em particular, do serviço militar de saúde. Fundada em 1908, é uma entidade civil filantrópica, independente e com personalidade jurídica própria (Decretos nº 2.380, de 1910; nº 9.620, de 1912, nº 23.482, de 1933; e nº 8.885, de 2016).

A personalidade internacional do CICV é confirmada pelos acordos de sede celebrados com mais de 50 países. Os atos atribuem, por igual, a posição de entidade internacional e concedem privilégios e imunidades normalmente atribuídos às OIs. O Brasil pactuou com o

Comitê acordo em que reconhece a personalidade jurídica, bem como a inviolabilidade das instalações, arquivos e documentos da entidade (Decreto nº 360, de 1991). Lembro, ainda, que o Comitê tem *status* de observador perante a AGNU (Resolução nº 45/6, de 1990) e é detentor de três prêmios Nobel da Paz (1917, 1944 e 1963).

Alguns movimentos de resistência organizados ou *movimentos de libertação nacional*, legitimados por Estados e sobretudo por OIs (p. ex., ONU, União Africana (UA), Liga Árabe) possuem subjetividade internacional limitada e provisória. Não há norma internacional definindo situações. A abordagem se dá caso a caso. Uma vez reconhecidos, podem enviar e receber representantes diplomáticos, participar de conferências e reuniões de órgãos internacionais e, em determinadas circunstâncias, até celebrar tratados. A provisoriedade está em que, alcançados os objetivos do movimento, ele deixa de existir como sujeito anômalo de direito internacional. Em seu lugar, coloca-se o novo Estado.

A Organização para a Libertação da Palestina (OLP) é bom exemplo. Por decisão da AGNU (Resolução nº A/RES/3237/XXIX, de 1974), ela é convidada a participar, na condição de observador como representante do povo palestino, das sessões da Assembleia e das conferências internacionais organizadas pela ONU. O estatuto da Palestina de "entidade observadora" evoluiu para o de "Estado observador não membro" (Resolução nº A/RES/67/19, de 2012). No momento presente, o Estado da Palestina é reconhecido por expressivo número de países. A OLP, entretanto, segue sendo aceita como representante do povo palestino por muitos dos países que ainda não reconhecem a existência do Estado.

Na mesma ordem de consideração, fala-se em certa capacidade internacional de *grupos armados organizados* (rebeldes, insurgentes, guerrilheiros, forças armadas dissidentes) em contexto de rebelião armada interna ou guerra civil. Tais facções visam à mudança de regime político ou à criação de novo Estado. Esse quadro é mais evidente nas hipóteses em que determinado grupo alcança pelas armas e contra o poder central o controle de parte do território do Estado em causa, podendo realizar dessa base operações militares. A efetividade desse controle pode adquirir relevância como "governo local", com o qual terceiros podem estabelecer contato, respeitado o princípio da não intervenção nos assuntos internos. Assim, por exemplo, na defesa dos seus nacionais (proteção diplomática).

A título ilustrativo, considere as Forças Armadas Revolucionárias da Colômbia – Exército do Povo (Farc-EP), organização paramilitar que aspirava à implantação do socialismo em território colombiano. A seu turno, o grupo Pátria Basca e Liberdade (*Euskadi Ta Askatasuna* (ETA)), entidade separatista que propugna pela independência da região basca (norte da Espanha e sudoeste da França), embora não tenha controlado espaço físico, causou comoção sobretudo na região espanhola.

Em ambos os casos, os governos dos países envolvidos se viram na contingência de negociar com os referidos grupos. Com as Farc, a Colômbia celebrou Acordo de Paz (2016); com o ETA, o governo espanhol iniciou negociações formais, após o grupo anunciar cessar-fogo (2006) e abandono das armas (2011). Tenha em mente que episódios isolados de violência (tensões e distúrbios internos, motins) não configuram, de modo necessário, a subjetividade internacional dos eventuais insurgentes.

O estatuto jurídico internacional dos *povos* é também objeto de controvérsia. O que são povos? Quem os representa e por quê? O assunto é impreciso. Proponho partir da unidade: povo. Desse modo, o conceito é atribuído a conjunto de pessoas que fala a mesma língua, tem história e tradições comuns, costumes e hábitos semelhantes, bem como afinidade de interesses. Como exemplo, cito o "povo brasileiro". A formulação foi amplamente utilizada pelo legislador constituinte ("representantes do povo brasileiro" (Preâmbulo); "Todo poder emana do povo" (art. 1º, parágrafo único); "representantes do povo" (art. 45); "promover o bem geral do povo brasileiro" (art. 78); "bem de uso comum do povo" (art. 225); "formação do povo brasileiro" (art. 242, § 1º)).

Para compreensão do processo de gestação étnica que deu nascimento aos núcleos que vieram a formar o Brasil e os diferentes "Brasis" ou "ilhas-Brasil", vide Darcy Ribeiro (*O povo brasileiro: a formação e o sentido do Brasil*). Por mencionar o antropólogo, veja que o constituinte não falou em povos indígenas. Ao tratar dos habitantes originários (nativos, autóctones) da terra brasileira, a Constituição se utiliza das seguintes expressões: grupos indígenas (art. 231, § 5º), comunidades indígenas (art. 210, § 2º), populações indígenas (art. 22, XIV; 129, V). Além disso, o texto, ao discorrer sobre a ordem social (título VIII), contempla dimensão dedicada aos índios (capítulo VIII).

Pela ótica do direito internacional, a noção compreende, de início, a somatória de cada povo, os povos. A abertura da Carta da ONU registra: "Nós, *os povos* das Nações Unidas"; e não "Os Estados Partes", "as Altas Partes contratantes" (p. ex., Pacto da Sociedade das Nações (1919)). O discurso preambular dispõe, por igual, da promoção do "progresso econômico e social de todos *os povos*". Ao que parece, os autores do documento pretendiam destacar sobretudo a igualdade e independência dos Estados já constituídos, assegurando-lhes autonomia e autogoverno nos temas relacionados aos respectivos assuntos internos.

Ocorre que a Carta também faz referência à autodeterminação *dos povos* (arts. 1, (2) e 55). A Constituição brasileira, ressoando o direito internacional, consagra o princípio da autodeterminação no plano das relações internacionais (art. 4º, III). Creio que é nesse domínio que "os povos" adquiriram subjetividade inusitada. Esse direito serviu de parâmetro para legitimação internacional de determinadas categorias de povos oprimidos (colonizados) que atuavam principalmente por intermédio de movimentos de libertação nacional.

De início, aos povos era reconhecida a condição de sujeito de direito desde que combatessem poder colonial, ocupação estrangeira ou regime segregacionista (racista). Contanto que representassem legitimamente o povo oprimido e tivessem amplo suporte daqueles que dizia representar, esses movimentos passavam a gozar da posição de sujeito para os fins a que eram destinados.

O leitor pode intuir os imensos desafios do tema ante a inexistência de marco jurídico definidor, por exemplo, do que se entende por "representante" do povo. Outro aspecto relevante a considerar é o fato de que essa subjetividade tende a cessar uma vez alcançado seu propósito consubstanciado no direito de determinar livremente seu estatuto político e de empreender seu desenvolvimento social, político, cultural e econômico.

O assunto evoluiu para a compreensão de três formas de autodeterminação: (i) a externa: direito dos povos de livremente determinar seu *status* internacional, inclusive a opção pela própria independência (p. ex., período da descolonização, Palestina, Kosovo); (ii) a interna: direito de autogoverno representado, em geral, por grande autonomia em relação à autoridade central (p. ex., Catalunha (Espanha), Quebec (Canadá)); e (iii) a das minorias (étnicas): direito de limitada autonomia no tocante às suas esferas cultural, econômica, social e política (p. ex., Comunidades Quilombolas (Brasil), Povo Saramaka (Suriname)). Desse jeito e considerando os dias de hoje, nas situações em que um povo não detém mínima "autodeterminação interna" é legítimo que ele passe a pleitear a expressão livre e genuína da sua vontade ("autodeterminação externa").

O princípio tem, assim, incidência direta no nascimento de novos sujeitos do direito das relações internacionais. Há, ainda, quem sustente que ele criou as premissas necessárias para a restruturação das relações econômicas mundiais sob bases mais justas e equitativas. De postulado político e norma programática, o dispositivo da Carta fixou uma norma fundamental do direito internacional contemporâneo. A CIJ também desempenhou notável papel no reconhecimento da autodeterminação como um direito (Parecer Consultivo Saara Ocidental (1975); e Caso Timor Leste, Portugal *vs.* Austrália, (1995)).

Cuido a seguir de dois atores que, embora não usufruam da condição de sujeitos de direito internacional, têm destacada influência nos rumos das relações internacionais de agora. Nesse sentido, penso não ser exagerado chamá-los de "quase sujeitos": organizações não governamentais e empresas transnacionais.

As *organizações não governamentais* estão inseridas no amplo universo das chamadas organizações da sociedade civil. Nessa categoria enquadra-se, em princípio, toda entidade não pertencente ao aparelho estatal e sem finalidade de lucro. O espectro dessas organizações é bem abrangente (p. ex., ONGs, associações profissionais, sindicatos, grupos religiosos e esportivos).

A legislação brasileira contempla, ainda, as organizações da sociedade civil de interesse público (Oscip), criadas pela Lei nº 9.790, de 1999. As Oscips não almejam lucro, mas podem se relacionar com a administração pública mediante termos de parceria. Nesse contexto, elas destoam das ONGs, que têm completa independência do Estado e atuação internacional. Essa autonomia favorece seu trabalho, bem como sua confiabilidade perante a sociedade internacional. Sua atuação permeia nosso cotidiano e é amplamente divulgada pela mídia e pelos meios virtuais de comunicação. Conta-se, nos dias de hoje, número expressivo dessas organizações espalhadas pelo mundo.

Os Estados as escutam e, não raras vezes, as temem. Seu conjunto, no entanto, não é facilmente sistematizável. Elas se mostram como vasto agrupamento da sociedade civil e não como uma superorganização. As ONGs representam, em suma, a aspiração da sociedade de "transformar as coisas" em quase todos os domínios, como lembra Jorge Wilheim (*O caminho de Istambul: memórias de uma conferência da ONU*).

Leitura jurídica do fenômeno proporciona certa confusão ante a ausência de estatuto internacional claro. Sua condição legal encontra-se regulada pela legislação do Estado em que se constituiu, a despeito da localização da sede ou da nacionalidade dos membros. A falta de personalidade no plano externo não diminui, todavia, o relevante papel desempenhado pelas ONGs na cena exterior. Elas são atores de primeira grandeza no âmbito internacional. São, à maneira de Raymond Aron (*O espectador engajado*), "espectadoras engajadas", visto que, apesar de não gozarem do *status* de sujeito de direito das gentes, têm atuação de destaque na dinâmica das relações internacionais contemporâneas. Participam na condição de "observadoras atuantes".

Apesar da diversidade do fenômeno, é possível listar os seguintes traços comuns e necessários: iniciativa privada (ausência de participação

Direito das Relações Internacionais

estatal direta ou indireta); atividade não econômica (sem intuito de lucro); solidariedade; voluntariedade; e dimensão internacional. Eu acrescentaria independência de todo e qualquer aparato estatal. É, em resumo, entidade privada, com aderentes de distintas nacionalidades, independente do Estado, sem finalidade de lucro e guiada pela solidariedade internacional.

Em que pese longa história, que remonta a 1823 (*British and Foreign Anti-Slavery Society* (1823/1956)), só em 1945 o termo se consagrou. Com efeito, foi no art. 71 da Carta da ONU que a expressão foi mencionada de forma pioneira em um tratado. Esse dispositivo faculta ao Conselho Econômico e Social (Ecosoc, em inglês) a possibilidade de fazer "consulta com organizações não governamentais, encarregadas de questões que estiverem dentro de sua própria competência". Pode-se dizer que essa perspectiva se insere no conjunto de inovações originais do tratado constitutivo da Organização, apesar de circunscrita, na origem, ao mencionado Conselho.

Citado dispositivo concedeu ao Ecosoc importante espaço de iniciativa no que tange à designação de seus interlocutores. O órgão disciplinou, então, o mecanismo de consulta por meio de resolução que, de início, traduziu a expressão como se referindo àquelas "entidades que não são estabelecidas por acordo intergovernamental" (Resolução nº 2/3, de 1946). O conceito falhou ao desconsiderar elemento essencial: o caráter não lucrativo da ONG.

O tema voltou a ser explorado pelo Conselho (Resoluções nº 288(X)B, de 1950; 1.296 (XLIV), de 1968; e 1.969/31, de 1996), que fixou os seguintes princípios caracterizadores: apoio aos objetivos da ONU; representatividade; finalidade não lucrativa; não uso ou estímulo à violência; não intervenção nos assuntos internos dos Estados; e não criação por acordo intergovernamental.

Na atualidade, mais de 700 ONGs desfrutam da condição de consultor perante o Ecosoc. Nas pegadas do Conselho, outras organizações interestatais atribuem a elas semelhante *status* (Oaci, OMC, OIT, Unesco). O Conselho da Europa, por sua vez, foi além. Os

128

Sujeitos do direito internacional

países-membros adotaram convenção tópica sobe o tema (Convenção Europeia sobre o Reconhecimento da Personalidade Jurídica das Organizações Não Governamentais (1986)). O texto convencional sublinha a finalidade não lucrativa, dispõe sobre a necessidade de estar presente em pelo menos dois Estados, bem como de se vincular ao direito interno do país onde tiver sua sede.

As organizações não governamentais adquiriram patamar de excelência e de visibilidade graças sobretudo ao trabalho realizado por aquelas vinculadas às finalidades humanitária (p. ex., Human Rights Watch, Anistia Internacional, Médicos Sem Fronteiras) e protetiva do meio ambiente (p. ex., The Nature Conservancy, Greenpeace), mas também na luta contra a corrupção (p. ex., Transparência Internacional). A diversidade de fins é notável (p. ex., filantrópica (Rotary Club), esportiva (Comitê Olímpico Internacional), associativa (União Internacional dos Estudantes)). Elas possibilitam, com maior ou menor êxito, a participação das pessoas por via associativa, no concerto das nações contribuindo para o aprimoramento democrático das relações internacionais.

Tão exato quanto o que foi dito é o fato de que também elas têm suas vicissitudes. Poucas conseguem escapar das tensões geradas por rivalidades entre grupos ideológicos, culturais, linguísticos e mesmo nacionais. De outro lado, o estatuto consultivo gerou, em algumas situações, uma cooperação deturpada, na medida em que determinadas ONGs curvam-se a diferentes pressões estatais. De toda forma, elas são de capital importância para as relações internacionais. Apesar de não disporem da condição de sujeito, as ONGs se fazem ver e ouvir.

Note, por exemplo, o episódio "Rainbow Warrior" (França, Nova Zelândia e Greenpeace), de 1985. O navio da Organização foi afundado por agentes do serviço secreto da França em porto neozelandês quando se preparava para denunciar ao mundo os testes nucleares franceses no Atol de Moruroa, no Pacífico. No naufrágio, faleceu um militante do movimento. Para além de ampla cobertura da mídia, o fato abalou as relações entre os dois países; gerou a demissão do ministro de Defesa da França; motivou pedido de desculpas formais

Direito das Relações Internacionais

do governo francês; e ocasionou, por entendimento das partes, atuação do secretário-geral da ONU na sua solução. Tanto a Nova Zelândia quanto as vítimas foram indenizadas e os agentes responsabilizados penalmente.

Considere, ainda, o trabalho em prol da condenação da pesca indiscriminada de baleias. O assunto é objeto de maior atenção da sociedade internacional desde, pelo menos, 1931. Assim, buscando salvaguardar a espécie baleeira para gerações futuras, ante o risco de sua extinção, foi celebrada a Convenção Internacional para a Regulamentação da Pesca da Baleia (1946). A fixação de marco jurídico internacional aplicável à pesca do cetáceo foi passo importante, mas não suficiente.

Alguns países, particularmente o Japão, valendo-se de dispositivo convencional (art. VIII), permitia a seus nacionais a caça de baleias com propósito de realização de pesquisa científica. Acontece que o número de baleias capturadas era inversamente proporcional à quantidade de investigação realizada. Isso começou a ficar demonstrado pelo trabalho persistente, em especial, da Sea Shepherd Conservation Society e do Greenpeace.

Esse contexto redundou em demanda na CIJ (Caso da Caça à Baleia no Oceano Antártico, Austrália *vs.* Japão (2014)). A ação contou ainda com intervenção da Nova Zelândia e resultou na condenação do Japão. As ONGs referidas serviram, à maneira do personagem Ishmael (Herman Melville, *Moby Dick*), como voz da consciência da sociedade internacional.

O universo dessas organizações, no entanto, apresenta crescentes desafios que se relacionam com cooperação e rivalidade; legitimidade e representatividade; transparência e governança associativa. Some-se a isso a dificuldade da construção de uma identidade coletiva. Nada, porém, que as impeça de elaborar alternativas para a transformação social do globo. Elas tendem a modificar e corrigir, em grau variável, a atuação dos principais sujeitos do direito das gentes. Trata-se de exercício auspicioso ante a incapacidade de os Estados e as OIs sozinhos fazerem frente a todas as questões que atingem a humanidade.

130

Assim como as ONGs, as *empresas transnacionais* (multinacionais, mundiais, metanacionais) não têm personalidade jurídica de direito internacional. Essas corporações, que se caracterizam por desenvolver estratégia internacional a partir de uma base nacional e sob a coordenação de uma direção centralizada (matriz), têm objetivo de lucro. O direito das gentes não regulamentou a condição jurídica dessas empresas, tampouco é o caso de fazê-lo.

O assunto seria desinteressante não fosse o fato de que muitas dessas companhias possuem recursos mais vultosos do que inúmeros países. Estimativas indicam que na lista das 100 maiores entidades econômicas globais, só 31 são Estados (*Global Justice Now*, 2016). Essas empresas são as principais operadoras do relacionamento econômico internacional e, com isso, têm possibilidade de atuar politicamente em prol de seus interesses de maneira mais incisiva.

Tendo em conta esse quadro, a ONU passou a dedicar maior atenção ao fenômeno a partir dos anos 1970. Para tanto, o Ecosoc instituiu a Comissão das Corporações Transnacionais como corpo consultivo do Conselho, no intuito de avaliar o impacto dessas empresas no processo de desenvolvimento e nas relações internacionais (Resolução nº 1.913 (LVII), de 1974). A Comissão recomendou, entre outras coisas, a elaboração de um código de conduta para as transnacionais. A proposta foi originalmente acolhida ao entendimento de que o texto a ser produzido não teria natureza convencional. Estabeleceu-se, todavia, intenso debate Norte/Sul (desenvolvidos e em desenvolvimento) e o tema entrou no campo passional. Assim, produziu mais calor do que iluminação.

Da extensa pauta de matérias mal resolvidas, merecem destaque: não intervenção nos assuntos internos dos países receptores, indenização nos casos de nacionalização de propriedade estrangeira, proteção diplomática, transferência de tecnologia, combate à corrupção, boa governança corporativa. Outro tema polêmico que dificultou o avanço dos entendimentos foi o relativo às empresas transnacionais de propriedade/controle estatal.

Direito das Relações Internacionais

Com tímidas exceções, como as diretrizes (*guidelines*) e a declaração tripartite de princípios elaborados respectivamente pela OCDE (1976, atualizado em 2011) e pela OIT (1977, última emenda em 2017), ambas com efeitos mais retóricos do que práticos, o debate não proporcionou material consistente. Em 1992, o Ecosoc suspendeu as atividades da referida Comissão e transferiu parte de suas atribuições para a Divisão de Gestão das Corporações Transnacionais (*Transnational Corporations Management Division*) (Resolução nº E/1992/35). Na Divisão, o tema perdeu ímpeto.

Com o fim do mundo bipolar, o debate perde sua sombra ideológica. No romper dos anos 1990, essas empresas começam a se valer com mais desenvoltura, sobretudo à vista das novas tecnologias, da mobilidade proporcionada pela utilização do ordenamento jurídico de diferentes países. Buscam, assim, vincular-se ao direito nacional mais favorável aos seus interesses (*law shopping*). Exemplo dessa política de vinculação ficta foi o estímulo ao aparecimento de países ou dependências com tributação favorecida e regimes fiscais privilegiados ("paraísos fiscais"). O tema entrou nos domínios tributários. Como contrarreação, os Estados passaram a endurecer seus respectivos direitos internos mediante legislação dissuasiva e seletiva. A atuação estatal se dá tanto individual quanto coletivamente (p. ex., OCDE).

Outro ponto controverso, que adquiriu maior notabilidade, diz respeito ao relacionamento dessas corporações com os direitos humanos e o direito internacional ambiental. Nesse sentido, a Agenda 21 (1992) propõe, por exemplo, que as empresas adotem políticas ambientais que não estejam abaixo das praticadas no país de origem, mesmo que a legislação do Estado receptor permita padrões menos exigentes. Para mais, entraram na pauta os temas da responsabilidade social e da boa governança corporativa, bem como a contribuição dessas corporações para com o desenvolvimento sustentável, aquele compatível com a exploração não predatória de recursos não renováveis, a renovação de recursos renováveis e o controle da poluição.

Sujeitos do direito internacional

O século XXI, por sua vez, apresenta desafios ampliados. Saímos do mundo analógico para o digital em espaço de tempo muito curto. Recordo que a propagação do conceito "digital" começa em 1995 com Nicholas Negroponte (*A vida digital*). Assim, aos desafios pretéritos somam-se novos. Os "fantasmas" atuais são de outra natureza. No momento, a grande preocupação é com a supremacia das chamadas *Big Tech*. Elas exercem perigosa manipulação das tendências de consumo, das habilidades cognitivas, das perspectivas de socialização e, até, do senso estético (Domenico de Masi, *O mundo ainda é jovem*).

Aos personagens tradicionais, outros foram acrescentados. Antes, Kodak, General Electric, Ford, Nestlé, ITT, Xerox, Shell, IBM; hoje, Amazon, Google, Meta, Apple, Microsoft. A motivação atual deixou de ser a ideologia apaixonante. Prevalece agora a individualidade, a velocidade e, em alguma medida, a irresponsabilidade. É o tempo das *fake news* e de sua superlativa disseminação. As novas "corporações" virtuais são uma verdadeira "zona livre dos direitos humanos" (*human rights free zone*), como ponderou o relator especial das Nações Unidas para a pobreza extrema e os direitos humanos, Philip Alston (*Report of the Special rapporteur on extreme poverty and human rights*, 2019).

Esse cenário reflete, por certo, no relacionamento internacional. Vai, dessa maneira, demandar cooperação entre os Estados para a fixação de alguma disciplina para essas entidades a fim de administrar os contratempos que já se apresentam (fadiga da democracia, intolerância ao diferente, negação da crise ambiental, neopopulismo, massas maleáveis e imprevisíveis, individualismo crescente, exclusão social, *big data*, xenofobismo, impacto político da tecnologia, "escravismo celular"). É o confronto da imaginação utópica do futuro de outrora com a distopia do mundo de agora.

Essas questões não são diretamente atribuíveis às referidas corporações. Entretanto, elas continuarão a exercer forte influência nas relações internacionais. Ademais, em um mundo digital, sua carga de responsabilidade tende a ser maior. Esse quadro demanda o renovar

Direito das Relações Internacionais

maduro da discussão em torno de algum instrumento que regulamente, mesmo que de modo mínimo, a conduta das empresas transnacionais no plano internacional.

As chamadas *empresas internacionais*, por sua vez, são corporações criadas por Estados, quase sempre mediante tratado, para a realização conjunta de determinados objetivos econômicos. Essas entidades têm sua personalidade jurídica atribuída pelo ato internacional que as estabelece. Em princípio, o direito a elas aplicável é o do tratado, podendo empregar, subsidiariamente, o direito interno dos Estados partes. Esses e outros temas (jurisdição, privilégios e imunidades, corpo funcional, solução de controvérsias) estão, de maneira usual, contemplados nos documentos criadores. Como exemplo dessas empresas, pode-se citar o Banco Interamericano de Desenvolvimento e o Grupo de Interesse Econômico Europeu do Túnel de Mont Blanc (European Economic Interest Grouping of the Mont Blanc Tunnel), a vincular França e Itália.

Hipótese significativa é a situação de Itaipu. Qualificada como "empresa pública binacional", ela foi criada, em igualdade de direitos e obrigações, por tratado celebrado entre Brasil e Paraguai, em 1973, buscando o aproveitamento dos recursos hídricos do rio Paraná. Com o acordo, as partes outorgaram à empresa a concessão dos recursos hídricos do rio Paraná, pertencentes em condomínio aos dois países, para explorar a produção de energia elétrica.

Trata-se de solução jurídica inovadora. Ela pressupõe a existência de um condomínio de bens destinado a ser aproveitado de forma conjunta. Em razão de sua estrutura binária, Itaipu não está sujeita a qualquer órgão do Brasil ou do Paraguai. Ela tem vida própria, autônoma. A co-participação de autoridades representativas de ambos os países estabelece as normas complementares necessárias ao seu pleno funcionamento (p. ex., direito aplicável às relações de trabalho e previdência social).

Observo que o disposto no art. 71 da CF, que atribui competência ao Tribunal de Contas da União (TCU) para fiscalizar "as contas nacionais das empresas supranacionais de cujo capital social a União participe, de forma direta ou indireta, nos termos do tratado constitutivo", não tem como ser implementado. O dispositivo, que mirava Itaipu, apresenta dois desafios: um filológico o outro técnico. Este pelo fato de a expressão "tratado constitutivo" se aplicar, como visto, aos casos de criação de OI, que não é a hipótese; aquele na medida em que o prefixo "supra" indica estar "acima de" (quem está acima não está sujeito à fiscalização de quem está abaixo). Nesse caso, o constituinte foi duplamente descabido.

Por fim, a *opinião pública*, noção muito referida interna e internacionalmente, mas cujos exatos contornos são difíceis de precisar. É evidente que o conceito não se ajusta diretamente ao tema dos sujeitos, tampouco a um manual de Direito. Ele, no entanto, tem impacto importante no modo de proceder dos atores internacionais. Estimo caber uma breve palavra sobre o assunto, considerando a proposta deste livro.

A matéria aproxima-se mais do estudo da Sociologia e da Ciência Política. Com efeito, consta que a noção é tributária do ideal da Revolução Francesa. O povo pode e deve se expressar e, nesse sentido, a opinião pública é a voz do povo. Ocorre que essa "voz" só adquire densidade a partir de um espaço público de discussão livre e democrático. Nesse ambiente, a participação popular pode e deve se manifestar nos planos da elaboração, da execução, da fiscalização e da crítica às diretrizes de uma sociedade.

Isso é tanto mais complicado quanto mais se têm em mente as circunstâncias da sociedade internacional. A audição dos povos representa tarefa ainda mais complexa. Ela começa com a busca por conformidade mínima de comportamentos entre diferentes culturas no tocante a determinada situação; e avança para o fato de que eventual convergência de respostas não assegura, de modo necessário, harmonia de atitudes muito menos solidariedade na ação.

Sistematizando o tema na esfera supranacional, Marcel Merle (*Sociologia das relações internacionais*) propõe que a opinião pública internacional é distinguível em três camadas horizontais: (i) a dos governantes; (ii) a das massas; e (iii) a dos militantes. Considerando que as classes mais numerosas da população são pouco ativas na esfera exterior,

Direito das Relações Internacionais

o autor sugere que a opinião pública internacional se resume ao confronto dos pontos de vista dos militantes e dos governantes. Penso que o advento da era digital ampliou os espaços de manifestação das massas. Por esse lado, as mídias sociais têm adquirido papel de maior destaque.

Lembro, por exemplo, a onda de manifestações e protestos que ocorreu no Oriente Médio e no Norte da África (Primavera Árabe (2010)). A internet proporcionou aos setores mais engajados o instrumental necessário para o exercício de um verdadeiro "ciberativismo". E pensar que tudo começou com o protesto de um pequeno ambulante no interior da Tunísia, que teve seu carrinho de frutas arbitrariamente confiscado e protestou. Desinformado, desempregado e desesperado, Mohamed Bouazizi, de 26 anos, ateou fogo no próprio corpo. Menos de um mês desde a autoimolação pública, o então presidente do país renunciou e fugiu para a Arábia Saudita. O episódio deu início à onda de manifestações que colocou para fora anos de opressão política e insatisfação econômica e social.

É a teoria do caos (matemática) – cuja ideia central é a de que uma pequenina mudança no início de um evento qualquer pode trazer consequências enormes e absolutamente desconhecidas – transplantada para as relações internacionais.

Reconheço que governantes e ativistas seguem tendo papel de maior destaque. Ocorre que, mesmo no âmbito dessa dualidade, ainda é difícil contar com manifestação absolutamente espontânea e convergente no contexto internacional. Os canais de expressão das duas camadas referidas passam por imprensa, mídia, pesquisas de opinião, manifestações, abaixo-assinados, simples entusiasmo ou lamentação geral. Nesse sentido, conforme frase atribuída a Winston Churchill: "Não existe opinião pública, existe opinião publicada". Assim, é preciso saber quem "patrocina" a publicação. Deve-se, ademais, considerar com redobrada cautela a máxima medieval que diz: "A voz do povo é a voz de Deus" (*Vox Populi, vox Dei*).

Nessa ordem de ideias, lembro que o general De Gaulle, a despeito da submissão de parcela expressiva da população francesa sob o governo

136

do marechal Pétain à Alemanha nazista (França de Vichy), compreendeu que os interesses da França estavam acima dos interesses dos franceses. Liderou, assim, a partir de Londres, a resistência que culminou com a libertação da França (1944). A voz do povo sob Pétain definitivamente não era a *vox Dei*.

Portanto, certos fenômenos de concordância devem ser vistos com prudência. Dito isso, constato que o ativismo de alguns militantes na cena internacional tem conseguido, em determinados domínios, sacudir a passividade natural das massas no tocante a alguns temas. Esse cenário é mais perceptível nos campos dos direitos humanos e do meio ambiente. Nessas dimensões, o papel tanto de governos quanto de ONGs tem sido da maior relevância em praticamente todos os foros internacionais. Diante disso, parece oportuno ao profissional das relações internacionais ter entre suas ponderações o papel da opinião pública.

Foi o povo nas ruas que clamou pelo retorno da democracia no Brasil (Diretas Já (1983/84)). Foram os governos democráticos que fixaram a plena vigência de instituições democráticas como condição essencial para a permanência e evolução dos processos integracionistas (p. ex., Protocolos de Ushuaia sobre o Compromisso Democráticos I (1998) e II (2011), no Mercosul). São as ONGs que respaldam essa condição e ampliam seu escopo agregando a necessidade de respeito aos direitos humanos. Trata-se de círculo virtuoso que se retroalimenta e desestimula, por exemplo, o saudosismo dos golpes de Estado (p. ex., Paraguai (1996)).

Para encerrar, compartilho para maiores reflexões a seguinte observação de Umberto Eco (*Pape Satàn Aleppe*): "As redes sociais deram direito à palavra a uma 'legião de imbecis' que antes falavam apenas em uma mesa de bar e depois de uma taça de vinho. Com isso, suas opiniões permaneciam limitadas a esse círculo; hoje, elas podem alcançar audiências altíssimas e prejudicar a coletividade".

Conclusão

Espero ter proporcionado algum contributo no domínio do direito para o estudo multifacetado das relações internacionais. Conforme avisado na Introdução, busquei abordar aspectos relacionados com a "teoria geral" do direito das gentes (capítulos "Fontes do direito internacional" e "Outras manifestações") e o fiz apontando para ampliações dessa perspectiva no tocante aos sujeitos e às fontes. Lancei, ainda, observações que escapam da leitura dogmática da ciência do direito (capítulo "Relações Internacionais e Direito"). Esse conjunto de possibilidades levou-me a denominar o livro de *Direito das relações internacionais*.

Dessa forma, procurei aproximar a disciplina das áreas do direito interno e das relações internacionais. Para a primeira, é imperioso constatar que ela não é mais o centro de toda a criação (Ptolomeu, *Almagesto*); para a segunda, é necessário perceber que há mais coisa no universo além do Sol (Copérnico, *As revoluções dos orbes celestes*). Em relação a ambas, o direito das gentes pode oferecer importante colaboração.

Direito das Relações Internacionais

Para tanto, verifico que o direito internacional não atua no vazio. Há experiência acumulada. Ele, contudo, apresenta adversidades tanto por sua menor institucionalização quanto pela inadequação de seus meios em relação aos objetivos e necessidades da coletividade que busca regular. O direito das relações internacionais representa, em última análise, uma ordem para a sociedade internacional e não "a" ordem dessa coletividade.

Saliento que todo ordenamento jurídico é a imagem da sociedade que pretende disciplinar (*"Sic societas, sicut jus"* – "Segundo seja a sociedade assim será o direito"). Tendo em vista a imensidão das circunstâncias da sociedade internacional, seus desafios são, por igual, superlativos. Some-se a isso o fato de que resistências ao direito internacional ainda se fazem sentir. De um lado, certos atores domésticos que, à maneira do narciso de Caetano Veloso, acham "feio o que não é espelho" (canção/poema "Sampa"); de outro, determinados estudiosos das relações internacionais que ainda estão muito impregnados pelos teóricos do realismo.

As diferenças de opinião, no entanto, são prova da vitalidade do debate acadêmico. Nesse sentido, são bem-vindas. Inconveniente seria a hipótese em que uma forma de pensar se arvorasse em montanha, pretendendo dominar a outra e, com isso, suprimir o convívio dos contrários. Se não houvesse a liberdade de discordar dentro do respeito mútuo não haveria a comunhão de homens livres, mas sim a uniformidade totalitária de humanoides.

De minha parte, acredito que o direito internacional contribui para a segurança, a previsibilidade e o aprimoramento das relações internacionais. Esse ramo da ciência jurídica estabelece, na pior das hipóteses, meio de diálogo entre seus atores. Nesse sentido, é interessante constatar que seu sujeito mais eminente se preocupa, cada vez mais, com o fundamento jurídico de suas posições.

Porém, cumpre ter em mente que "As leis não bastam. Os lírios não nascem da lei" (Drummond, poema "Nosso tempo"). Desse jeito, não devemos aguardar do direito internacional respostas precisas para os problemas das relações internacionais do momento presente. Também ele arrasta seus desafios e contradições. Como propõe Brierly, "não está na natureza de nenhum ordenamento jurídico dar soluções matematicamente exatas aos problemas que lhe sejam apresentados. A incerteza do direito é consequência da infinita variedade da vida e, quanto a esse aspecto, a diferença entre o direito internacional e o interno não é de espécie, mas de grau" (1979: 75).

Logo, não se deve buscar nele as virtudes que ele não tem. Insistir nisso pode levar ao descuido do cultivo daquelas que ele possui. Penso que esse proceder representaria um grande equívoco. O direito das gentes seguirá transitando entre esperança e desencanto (Marotta Rangel), ordem e caos (Frank Attar), apologia e utopia (Martii Koskenniemi), superestimação e subestimação (Josef Kunz), mito e panaceia (James Brierly). Penso, com isso, que cabe a cada um de nós saber reconhecer as virtudes presentes, preservá-las e abrir espaços, ao jeito de Italo Calvino (*As cidades invisíveis*), para qualidades e desenvolvimentos futuros.

Para fechar, lembro ao graduando que "aquele que começou está na metade da obra: ouse saber" (Horácio – *dimidium facti qui coepit habet: sapere aude*). Ao ousar, rogue aos deuses, à maneira de Konstantínos Kaváfis, que "sua rota seja longa" (poema "Ítaca"). Além disso, seja feliz, sábia recomendação que me foi dada pelo professor Goffredo da Silva Telles Júnior, em sua residência, aonde fui levado pelo dileto amigo Guilherme de Almeida, na véspera da minha partida para o mestrado.

Sob inspiração de Agustina Bessa-Luís (*Breviário do Brasil*) anoto, por fim, que tudo o que foi dito neste livro pode e deve ser aprofundado em "papéis mais acadêmicos do que este" e que vão adiante indicados.

Sugestões de leitura

Recordo, de início, sábio conselho de Francis Bacon: "Não leia com o intuito de contradizer e refutar, nem para crer e aceitar, tampouco para conversar e discursar, mas para refletir e avaliar" (*Ensaios*). Minha intenção é contribuir com esse propósito: reflexão e avaliação.

Nesse sentido, o estudo que proponho é crítico, e as faculdades críticas são despertadas, antes de mais nada, por meio do confronto de diferentes opiniões a respeito do mesmo assunto. Dessa forma, estas sugestões de leitura são representativas de diferentes maneiras de pensar. Confie no conhecimento dos grandes mestres, mas reivindique seu próprio direito de pensar. Para isso, estude. Tenha em mente ainda que "nenhum vento é favorável para marinheiro (estudante) que não sabe aonde quer ir" (Sêneca, *Cartas a Lucílio*, nº 71).

A lista aqui apresentada é sumária. Na sequência, indico alguns endereços eletrônicos. Sobre isso, participo que aqueles que leem material impresso retém mais e melhor as informações do que quem só acessa o ambiente digital (Maryanne Wolf, *O cérebro no mundo digital: os desafios da leitura na nossa era*).

Direito das Relações Internacionais

Finalmente, invoco Borges, para quem o homem inventou instrumentos como extensão do corpo: a espada como aumento do braço; o telescópio, do olho; o telefone, da voz; e o livro é a ampliação da memória e da imaginação (Jorge Luiz Borges, *Conferências*). Tenha-os, pois, sempre por perto.

O livro de Hildebrando Accioly (2009) é um dos poucos trabalhos de autor brasileiro da área do Direito traduzido para outros idiomas. Ele foi além das nossas fronteiras. Internacionalista com experiência profissional na área. Leia-se, teoria e prática. Embora datado, merece visita tópica. É sempre inspirador, mesmo quando destoa da técnica atual. Accioly foi sensível ao apelo dos mais jovens e "resumiu" a obra no seu igualmente aclamado manual. Tocou ao embaixador Geraldo Eulálio do Nascimento e Silva atualizar o livro, que conta hoje com o devotamento do professor Paulo Casella (*Manual de direito internacional público*. 25. ed. São Paulo: Saraiva, 2021).

O texto de Michael Akehurst (1985) tornou-se um clássico, sobretudo no Reino Unido. Apesar da morte prematura do autor, a obra segue sendo prestigiada. A última atualização, feita por professor da Universidade de Hong Kong, apareceu no final dos anos 1990 (*Akehurst's modern introduction to international law*. 7. ed. Londres: Routledge, 1998). Na tradução portuguesa, aprecio, de modo particular, o capítulo 1 ("Caráter jurídico do direito internacional").

O professor Leonardo Brandt tem feito, por intermédio do Centro de Direito Internacional (Cedin), importante trabalho na divulgação do direito das gentes. Dentre as várias iniciativas do Centro, convido a atenção para os cursos de verão e para as publicações, de que o livro *A Corte Internacional de Justiça e a construção do direito internacional* é digno de registro. Trata-se de obra de referência precedida de informação abalizada sobre a Corte e notícia das suas principais decisões. Outro trabalho importante também sob sua coordenação é o *Comentário à Carta das Nações Unidas* (Belo Horizonte: Cedin, 2008).

O livro de James Brierly (*Direito internacional*. 4. ed. Lisboa: Fundação Calouste Gulbenkian, 1979) é obra modelar do ponto de

Sugestões de leitura

vista pedagógico. Ela, no entanto, reflete o espírito de uma época. A primeira edição saiu em 1928. Constata-se, assim, sua caducidade à vista do direito internacional de agora. Todavia, além do prazer proporcionado pelo estilo claro, conciso e elegante do autor, sua leitura, com os olhos do presente, faz ver a significativa evolução da disciplina. Seu texto enxuto mereceu, à vista das qualidades referidas, recente atualização de Andrew Clapham (*Brierly's law of nations*: an introduction to the role of International law in International relations. 7. ed. Oxford: University Press, 2012). De quebra, um ensinamento: não se impressione com a dimensão física de um trabalho. Você pode estar diante de festival de obviedades, de repetições inúteis, de autorreferências desnecessárias.

O trabalho capitaneado pelo professor Antonio Brotons (*Derecho internacional*: *curso general*. Valencia: Tirant lo Blanch, 2010) é outro texto incontornável. Pensamento claro, texto original. Muito bom humor. Enfim, aprende-se direito internacional, estilo, abordagem. Desvantagem é o fato de as normas de nosso ordenamento jurídico que têm importância para as relações internacionais, bem assim a prática brasileira sobre o direito das gentes não estarem, por motivos óbvios, refletidas no texto.

Ian Brownlie é mais um autor indispensável. Seu livro *Princípios de direito internacional público* (Lisboa: Calouste Gulbenkian, 1997) está no patamar mais elevado entre os manuais da matéria. Sua derradeira versão foi atualizada pelo professor James Crawford (*Brownlie's principles of public international law*. 9. ed. Oxford: University Press, 2019), que foi orientando de Brownlie. O trabalho é desafiador sobretudo à vista da restrição editorial imposta: não ampliar o número de páginas. Sábia determinação. Como propõe Shakespeare, a "concisão é a alma da inteligência" (*brevity is the soul of the wit – Hamlet*).

O manual coordenado pela professora Çali (*International law for international relations*. Oxford: University Press, 2010) é, como o nome denota, obra elaborada para estudantes de relações internacionais. A sensibilidade de Çali favoreceu a edição de obra bem

Direito das Relações Internacionais

estruturada em que converge o pensamento de jovens e promissores docentes. Dados os propósitos almejados, a divisão temática foi, por igual, muito feliz. O trabalho é metodologicamente exemplar e se destina ao público de iniciantes.

O trabalho de Dominique Carreau e Jahyr-Philippe Bichara (*Direito internacional*. 2. ed. Rio de Janeiro: Lumen Juris, 2016) beneficia-se das excelências do método cartesiano francês e da elegância do texto do professor Carreau. Registro que a obra conta, na edição brasileira, com coautoria. O professor Bichara, Universidade Federal Norte-Rio-Grandense, implementa, quando pertinente, bem-vindas adaptações que refletem a percepção do direito brasileiro sobre os assuntos versados.

O manual editado por James Crawford e Matti Koskenniemi (*The Cambridge companion to international law*. Cambridge: University Press, 2012) envolve diferentes abordagens. Os editores se fizeram acompanhar por outros eminentes pares no tratamento sempre original de distintos planos da matéria. Esse proceder remete, entre outros, ao trabalho pioneiro editado pelo diplomata e professor dinamarquês Max Sørensen (*Manual de derecho internacional público*. México, D.F.: Fondo de Cultura Económica, 1973 – original em inglês saiu em 1968).

Trabalho amplo e atualizado em sua edição original com o concurso do professor Mathias Forteau (*Droit international public*. 8. ed. Paris: LGDJ, 2009), o livro de Nguyen Quoc Dinh (*Direito internacional público*. 2. ed. Lisboa: Fundação Calouste Gulbenkian, 2003) é mais uma notável contribuição da lendária Fundação Calouste Gulbenkian para os estudantes lusófonos. Dentre os coautores, destaco o contributo autêntico, ponderado e atento do professor Alain Pellet ao estudo do direito internacional.

O trabalho de René David (*Os grandes sistemas do direito contemporâneo*. 5. ed. São Paulo: Martins Fontes, 2014) não se vincula diretamente ao objeto deste livro. Entretanto, cuida-se de leitura benfazeja. O autor proporciona incursão pelas "famílias" do direito e, com isso, ajuda a organizar a cartografia jurídica mundial. Essa perspectiva, por si só, justifica, a meu ver, sua leitura pelos bacharelandos de Relações

Internacionais e de Direito. Ele me lembra dito atribuído ao jurisconsulto estadunidense Oliver Holmes: "Quem só sabe direito, nem direito sabe". O livro é um convite para ampliar horizontes. Recebi o meu de uma orientanda do autor, a professora Anna Maria Villela, exemplo para mim de coerência e verticalidade.

A obra editada por Malcolm Evans (*International law*. 4 ed. Oxford: University Press, 2014) é resultado de escrita a várias mãos. Ela é atualizada e apresenta bibliografia tópica muito bem selecionada. Enfim, conteúdo e forma. Para além da teoria geral, avança naquilo que denomina "aplicação do direito internacional" (Parte VII). Bem abrangente e companheira segura para uma jornada de quem se inicia com pretensões de algo mais consistente e duradouro.

Já o excelente livro de Wolfgang Friedmann (1971) tem tradução que não favorece. O mais adequado, sendo possível, é seguir o original (*The changing structure of international law*. New York: Columbia University Press, 1964). Autor de vanguarda, Friedmann antecipa, em muitos pontos, aspectos da disciplina, que se revelariam anos mais tarde (coexistência, cooperação, sanção pela não participação).

O professor da Universidade de Coimbra Jónatas Machado apresenta em *Direito internacional: do paradigma clássico ao pós-11 de Setembro* (Coimbra: Coimbra Editora, 2019) um texto em que mescla a teoria clássica associada a desdobramentos contemporâneos da matéria. E o faz com erudição desafetada por meio de associações sempre muito felizes tanto com fatos da cena internacional quanto com o pensamento de diferentes autores. Não se pode esperar outra coisa de quem tem como inspiração a Biblioteca Joanina.

A obra de Francisco Rezek (*Direito internacional público: curso elementar*. 17. ed. São Paulo: Saraiva, 2018), por sua vez, é um "clássico" brasileiro nas várias acepções do termo, como proposto por Italo Calvino (*Por que ler os clássicos*). É um livro que estamos sempre relendo; que propicia a cada leitura uma descoberta, como na vez primeira. Para mais, percebe-se elegância estilística e limpidez textual. Reputo o item "tratado" como leitura obrigatória para todos.

Importante o estudante ter contato, desde cedo, com os atos internacionais de uso mais frequente, e é isso o que oferece o livro organizado por Aziz Tuffi Saliba (*Legislação de direito internacional*. 15. ed. São Paulo: Rideel, 2020). É maneira de se instruir e de se inteirar do conteúdo, da linguagem, da forma. O material muito bem-organizado é o que há de mais abrangente e atualizado entre nós no momento. Recomendo, além das fontes convencionais, leitura das extraconvencionais (p. ex., resoluções dos órgãos da ONU, decisões de tribunais internacionais).

O trabalho de Malcolm Shaw (*Direito internacional*. São Paulo: Martins Fontes, 2010) é outra opção para quem aprecia algo mais abrangente. A edição brasileira está esgotada. O texto em português infelizmente não apresenta notícia da prática brasileira no âmbito do direito das gentes. Situação contornada na citada obra de Carreau, pela coautoria de autor nacional. O texto de Shaw, no entanto, vem sendo atualizado em sua edição original (*International law*. 9. ed. Cambridge: University Press, 2021). Ele é muito bem aprovado entre os estudantes sobretudo no mundo anglo-americano.

O livro de Guido Soares (*Curso de direito internacional público*. 2. ed. São Paulo: Atlas, 2004) é um texto de fácil e agradável leitura. O saudoso mestre converge em suas análises a experiência de professor catedrático de direito internacional público (1998/2005) da Faculdade de Direito da Universidade de São Paulo (USP) com o fazer diplomático. Infelizmente, o planejado segundo volume não chegou a ser publicado.

Em relação ao tema das "fontes eletrônicas", é notória sua crescente utilização. Nesse sentido, a obra de Crawford e Koskenniemi (2012), por exemplo, contempla capítulo com guia sobre o assunto. Assim, indico a seguir alguns sites. Sobre essa forma de pesquisa, no entanto, permito-me sugerir: cuidado por onde anda/navega (diga-me onde navegas, e eu te direi quem és ou o que pensa ou para onde vais!); verifique sempre a idoneidade da fonte e a história de vida de quem produz ou edita a informação; e inicie sua consulta por sites institucionais. Sobre a derradeira sugestão, não se trata de idolatria da "chapa branca". É só o ponto de partida.

Sugestões de leitura

Aproveito para recomendar ao leitor que use a internet para localizar referências de dispositivo de lei/tratado/resoluções, precedentes judiciais, obras de doutrina e livros não jurídicos referidos ao longo deste livro. Sobre isso, lembre-se de que "a filosofia parece só tratar da realidade, mas talvez diga fantasias, e a literatura parece só tratar de fantasias, mas talvez diga a verdade" (Antonio Tabucchi, *Afirma Pereira*).

- www.un.org/en/law/index.shtml (ONU links jurídicos)
- www.un.org/ga/sixth/ (6º Comitê (Jurídico) da Assembleia Geral da ONU)
- www.un.org/law/ilc/ (Comissão de Direito Internacional da ONU-CDI)
- http://www.un.org/law/avl/ (biblioteca audiovisual da ONU)
- www.icj-cij.org (Corte Internacional de Justiça)
- http://concordia.itamaraty.gov.br/atos-internacionais (atos internacionais e Brasil)
- https://www.mercosur.int/pt-br/ (Mercosul)
- https://europa.eu/european-union/index_pt (União Europeia)
- https://eur-lex.europa.eu/homepage.html?locale=pt (Direito da União Europeia, oficial).
- www.hcch.net/pt/home (Conferência da Haia de Direito Internacional Privado)
- www.asil.org (*American Society of International Law*)
- www.esil.org (*European Society of International Law*)
- www.ejil.org/archives.php (*European Journal of International Law*)
- www.sfdi.org (*Societé Française pour Le Droit International*)
- www.reei.org (*Revista Electrónica de Estudios Internacionales*)

Lista de siglas

- AGNU – Assembleia Geral das Nações Unidas
- AIE – Agência Internacional de Energia
- AIEA – Agência Internacional de Energia Atômica
- ASIL – Sociedade Americana de Direito Internacional
- BIS – Banco de Compensações Internacionais
- CBF – Confederação Brasileira de Futebol
- CC – Código Civil
- CCI – Câmara de Comércio Internacional
- CDI – Comissão de Direito Internacional
- CF – Constituição Federal
- CICV – Comitê Internacional da Cruz Vermelha
- CIDH – Corte Interamericana de Direitos Humanos
- CIJ – Corte Internacional de Justiça
- CP – Código Penal

Direito das Relações Internacionais

- CPJI – Corte Permanente de Justiça Internacional
- CSNU – Conselho de Segurança das Nações Unidas
- CVDT – Convenção de Viena sobre o Direito dos Tratados
- CVRC – Convenções de Viena sobre Relações Consulares
- CVRD – Convenções de Viena sobre Relações Diplomáticas
- EBRD – Banco Europeu para Reconstrução e Desenvolvimento
- Ecosoc – Conselho Econômico e Social da ONU
- ETA – Pátria Basca e Liberdade (*Euskadi Ta Askatasuna*)
- Farc-EP – Forças Armadas Revolucionárias da Colômbia – Exército do Povo
- Fifa – Federação Internacional de Futebol
- FMI – Fundo Monetário Internacional
- GNSS – Sistema Global de Navegação por Satélite
- GPS – Sistema de Posicionamento Global
- HC – *Habeas Corpus*
- Iata – Associação Internacional de Transporte Aéreo
- IBRD – Banco Internacional para Reconstrução e Desenvolvimento
- ICANN – Corporação da Internet para Atribuição de Nomes e Números
- IGF – Fórum de Governança na Internet
- Incoterms – Termos Internacionais de Comércio
- LINDB – Lei de Introdução às Normas do Direito Brasileiro
- Mercosul – Tratado para a Constituição de um Mercado Comum do Sul
- MJ – Ministério da Justiça
- MOU – Memorando de Entendimento
- MRE – Ministério das Relações Exteriores
- Oaci – Organização da Aviação Civil Internacional
- OCDE – Organização para a Cooperação e Desenvolvimento Econômico
- OI – Organização Internacional

Lista de siglas

- OIT – Organização Internacional do Trabalho
- OLP – Organização para a Libertação da Palestina
- OMC – Organização Mundial do Comércio
- OMPI – Organização Mundial da Propriedade Intelectual
- ONU – Organização das Nações Unidas
- OPAQ – Organização para a Proibição de Armas Químicas
- Opep – Organização dos Países Exportadores de Petróleo
- OSC – Órgão de Solução de Controvérsias
- Oscip – Organizações da Sociedade Civil de Interesse Público
- Otan – Organização do Tratado do Atlântico Norte
- RE – Recurso Extraordinário
- STF – Supremo Tribunal Federal
- STJ – Superior Tribunal de Justiça
- TCU – Tribunal de Contas da União
- Tiar – Tratado Interamericano de Assistência Recíproca
- TJUE – Tribunal de Justiça da União Europeia
- TLA – Tribunal Latino-Americano da Água
- UA – União Africana
- UDRP – Política Uniforme sobre Resolução de Disputa sobre Nomes de Domínio
- UE – União Europeia
- UIT – União Internacional de Telecomunicações
- Uncitral – Comissão das Nações Unidas para o Direito Comercial Internacional
- Unesco – Organização das Nações Unidas para a Educação, a Ciência e a Cultura
- Unidroit – Unificação do Direito Privado
- UPU – União Postal Universal
- URSS – União das Repúblicas Socialistas Soviéticas
- Wano – Associação Mundial de Operadores Nucleares

Bibliografia

ACCIOLY, Hildebrando. *Tratado de direito internacional público*. 3. ed. São Paulo: Quartier Latin, 2009, v. 3.

AKEHURST, Michael. *Introdução do direito internacional*. Coimbra: Almedina, 1985.

BRANDT, Leonardo Nemer C. (Org.) *A Corte Internacional de Justiça e a construção do direito internacional*. Belo Horizonte: O Lutador, 2005.

BRIERLY, James L. *Direito internacional*. 4. ed. Lisboa: Fundação Calouste Gulbenkian, 1979.

BROTÓNS, Antonio Remiro *et al. Derecho internacional*: curso general. Valencia: Tirant lo Blanch, 2010.

BROWNLIE, Ian. *Princípios de direito internacional público*. Lisboa: Calouste Gulbenkian, 1997.

ÇALI, Basak. *International law for international relations*. Oxford: University Press, 2010.

CARREAU, Dominique; BICHARA, Jahyr-Philippe. *Direito internacional*. 2. ed. Rio de Janeiro: Lumen Juris, 2016.

CRAWFORD, James; KOSKENNIEMI, Martti (Eds.). *The Cambridge companion to international law*. Cambridge: University Press, 2012.

DAVID, René. *Os grandes sistemas do direito contemporâneo*. 5. ed. São Paulo: Martins Fontes, 2014.

DINH, Nguyen Q.; DAILLIER, Patrick; PELLET, Alain. *Direito internacional público*. 2. ed. Lisboa: Fundação Calouste Gulbenkian, 2003.

EVANS, Malcolm (Ed.). *International law*. 4. ed. Oxford: University Press, 2014.

FONTOURA, Jorge (org.). "Estudos em homenagem a Anna Maria Villela". *Revista de Informação Legislativa*, n. 162, ano 41, 2004.

FRIEDMANN, Wolfgang G. *Mudança da estrutura do direito internacional*. Rio de Janeiro: Freitas Bastos, 1971.

MACHADO, Jónatas E. M. *Direito internacional*: do paradigma clássico ao pós-11 de Setembro. 5. Ed. Coimbra: Coimbra Editora, 2019.

REZEK, J. Francisco. *Direito internacional público: curso elementar*. 17. ed. São Paulo: Saraiva, 2018.

SALIBA, Aziz Tuffi (Org.) *Legislação de direito internacional*. 15. ed. São Paulo: Rideel, 2020.

SHAW, Malcolm. *Direito internacional*. São Paulo: Martins Fontes, 2010.

SOARES, Guido. *Curso de direito internacional público*. 2. ed. São Paulo: Atlas, 2004, v. 1.

Agradecimentos

Registro que muitos colegas e amigos proporcionaram valioso auxílio ao longo dos anos nos estudos e nos trabalhos do espírito. Essa colaboração está refletida neste volume. Agradeço a todos o concurso precioso que me prestaram. Reconheço, também, dívida irreparável com meus professores Ana Maria Villela, Alan Dashwood, Celso Lafer, Francisco Rezek, Grandino Rodas, Guido Soares, Ian Brownlie, Marotta Rangel, Rubens Ricupero e Vaughan Lowe, pela extensão e profundidade de seus saberes e elegância com que os manejam, e ao estimado Antônio Carlos Lessa, encorajador desta obra.

Ainda no domínio dos agradecimentos, deixo expresso meu reconhecimento aos leitores da primeira versão, amigos fraternos, que muito contribuíram com seus comentários e que não têm culpa das imperfeições remanescentes: Ana Kobe, André Ramos, Antenor Madruga, Beatriz de Mello e Oliveira, Carlos Caputo, Celso Pereira, Guilherme Leite, Jorge Fontoura, Joyce Dias, Marcel Garcia, Renato Mosca, Susane Guida e Tomás Maciel.

À lembrança dos meus alunos e à Bea, com profundo sentir do coração.

O autor

Márcio P. P. Garcia é doutor em Direito Internacional pela Universidade de São Paulo (USP) e mestre (LLM), na mesma área, pela Universidade de Cambridge. É consultor legislativo do Senado Federal na área de Direito Internacional.

GRÁFICA PAYM
Tel. [11] 4392-3344
paym@graficapaym.com.br